ग़दर पार्टी के इनक़लाबी

ग़दर पार्टी के इनक़लाबी

रणधीर सिंह

स्वर्ण जयन्ती
1/5971, कबूल नगर, शाहदरा, दिल्ली-110032

ISBN : 81-88599-63-8

स्वर्ण जयन्ती

1/5971, कबूल नगर, शाहदरा, दिल्ली-110032

द्वारा प्रकाशित

संस्करण : 2011

मूल्य : 125.00

शुभम् आफसेट, शाहदरा, दिल्ली-110032

द्वारा मुद्रित

GADAN PARTY KA INQUALABI

by : Randhir Singh

स्वर्ण जयन्ती, वाणी प्रकाशन की सहयोगी संस्था

परिचय

'आज़ादी के दस्तावेज़' पुस्तक माला के अंतर्गत 'ग़दर पार्टी के इंकलाबी नेता' पुस्तक का पुनः प्रकाशन हो रहा है। छठे दशक के मध्य में पहली बार प्रकाशित हुई इस पुस्तक के लेखक श्री रणधीर सिंह विचारों से एक प्रतिबद्ध कम्युनिस्ट हैं। इसीलिए राष्ट्रीय स्वाधीनता आंदोलन में ग़दर पार्टी के महत्त्व को रेखांकित करते हुए उन्होंने कई ऐसी बातों की ओर ध्यान दिलाया है, जिनकी पहले अनदेखी होती आई थी।

ग़दर पार्टी की स्थाप्रना ब्रिटिश शासन के खिलाफ विद्रोह करके देश को आज़ाद कराने की भावना से 1857 के ग़दर की स्मृति में, पंजाब के कुछेक खांटी किसानों ने सन् 1913 में विदेशी भूमि पर की थी। यह वह समय था जब बंग-भंग से गरमाए देश के माहौल में खूदीराम बोस, कन्हाईलाल दत्त आदि बंगाल के अनेक क्रांतिकारी शहादत दे चुके थे और चांदनी चौक, दिल्ली का इतिहास प्रसिद्ध बमकांड सुर्खियों में आ चुका था। उसी संक्रमण काल में, न सिर्फ यह कि देश से दूर अमेरिका के सैन फ्रांसिस्को शहर में 'ग़दर आंदोलन' की दागबेल डाली गई, बल्कि 'दुनिया में जहाँ कहीं भी गुलामी के खिलाफ लड़ाई चले, उसमें हिस्सा लेकर ग़दर पार्टी के सदस्य का पुनीत कर्तव्य

ठहराया गया।' कुछ ही महीनों में अमेरिका और कनाडा में पार्टी की 62 शाखाएँ खुल गईं और चीन, जापान, मलाया, फिलिपींस, फिजी, अर्जेंटाइना और यहाँ तक कि हिंदुस्तान तक 'ग़दर' का संदेश पहुँचा। पार्टी का संस्थापक सभापति बाबा सोहन सिंह मखना को और मंत्री लाला हरदयाल को चुना गया और मुखपत्र के रूप में हिंदी, उर्दू, मराठी और गुरुमुखी में 'ग़दर' का प्रकाशन शुरू किया गया। ग़दर पार्टी की विदेश नीति इतनी सुनियोजित थी कि न सिर्फ यह कि जापान, शंघाई और हांगकांग तक क्रमशः बरकतउल्लाह, मथुरा सिंह व भगवान सिंह के नेतृत्व में दल की शाखाएँ फैल गईं, बल्कि ज़ारकालीन रूस, चीन और आयरलैंड के स्वाधीनता सैनिकों से संपर्क भी कायम कर लिया गया।

उसी के बाद विद्रोह के पहले ज्वालामुखी के रूप में कोमागाटा मारुर नामक जहाज क्षितिज पर उभरा और बजबज के 18 शहीदों के नाम इतिहास के खाते में दर्ज हुए और फिर 1915 में 1857 की टक्कर के सशस्त्र सैनिक व्रिदोह की योजना तैयार की गई। उसकी तारीख तय की गई थी 21 फरवरी 1915 और पंजाब में फीरोजपुर-रावलपिंडी-लाहौर से शुरू करके उत्तर प्रदेश में मेरठ, लखनऊ, फैजाबाद, कानपुर, इलाहाबाद, मध्य प्रदेश में जबलपुर और पूर्व बंगाल में ढाका तक की सैनिक बैरकों से बगावत का आश्वासन ले लिया गया था। लेकिन कुछेक गद्दारों की कृपा से ऐन मौके पर सारी उम्मीदें राख के ढेर में तब्दील हो गईं और फिर शुरू हुआ मुकदमों, फांसियों, कालेपानी का अनवरत सिलसिला। शायद 1857 के बाद, अकेले ग़दर पार्टी के जितने लोगों को फांसी का फंदा चूमना पड़ा

(उन्हीं में कर्तार सिंह सराभा और पिंगले भी थे), उतने लोग समूचे राष्ट्रीय आंदोलन में शहीद नहीं हुए होंगे। पचासों लोगों को फाँसी पर लटकाया गया और पचासों को कालेपानी भेजा गया या आजन्म कारावास की सजा देकर उनकी जायदाद ज़ब्त कर ली गई। उसी सशस्त्र सैनिक विद्रोह के नायक और शहीद के रूप में कर्तार सिंह सराभा आगे चलकर सरदार भगत सिंह के प्रेरणास्रोत बने। गौर करने की बात यह भी है कि ग़दर पार्टी के जो क्रांतिकारी बाद तक जीवित रहे, वे अंडमान आदि से अपनी सजाएँ काटकर लौटने के बाद कम्युनिस्ट पार्टी में शरीक हुए ! बाबा सोहन सिंह मभखना, बाबा केहर सिंह, गुरुमुख सिंह, सरदार पृथ्वी सिंह आजाद के नाम ऐसे ही ग़दरी-कम्युनिस्ट क्रांतिकारियों में गिने जा सकते हैं।

आज वे महान् क्रांतिकारी हमारे बीच से उठ चुके हैं, लेकिन उनसे हासिल की गई जानकारियों के आधार पर लिखी गई इस पुस्तक के जरिये हम उनके महान् त्याग और ग़दर पार्टी की ऐतिहासिक भूमिका को जान समझ सकते हैं।

—सुरेश सलिल

भूमिका

देश की स्वाधीनता के इतिहास में ग़दर पार्टी के इनक़लाबियों के संघर्षों की वीरगाथा (1914-15) सबसे अधिक रोमांचकारी है। इस पुस्तिका में हम उसी गाथा का एक संक्षिप्त परिचय उपस्थित कर रहे हैं। इसके पढ़ने से मालूम हो जाएगा कि मौत को चुनौती देनेवाले उन महावीरों ने पिछले तीस साल में क्या काम किए, कौन सी तक़लीफें झेलीं, और कैसे-कैसे बलिदान किए।

आज के साधारण राजनीतिक कार्यकर्त्ताओं के लिए, हमारा यह इतिहास एक भूली हुई चीज़ बन गया है। उनमें से कुछ ने ग़दर पार्टी, कोमागाटा मारू, और पंजाब के 1914-15 के गोली-कांडों और अनगिनत फाँसियों आदि के बारे में इधर-उधर से कुछ सुन रखा है; उन्हें कोई विशेष जानकारी नहीं है। आज पहली बार यहाँ पर उन घटनाओं का विवरण जनता के सामनें रखा जा रहा है। यह विवरण, ग़दर पार्टी के संस्थापक और प्रधान नेता बाबा सोहनसिंह भखना से बातचीत करने के बाद, उनकी बताई हुई बातों के आधार पर लिखा गया है। इसे पढ़ने

से मालूम होता है कि गुलामी के अपमान से चोट खाकर किस प्रकार साधारण किसान इतने बड़े क्रांतिकारी बन गए, और उस समय में जब देश के बड़े-बड़े नेता 'होम-रूल' से अधिक की बात तक नहीं करते थे, तब साम्राज्यवाद के ख़िलाफ़ उन्होंने सशस्त्र क्रांति का झंडा ऊँचा किया। इस परिचय को पढ़ने से यह भी पता चलेगा कि प्रतिहिंसा से पागल होकर साम्राज्यवादियों ने जिन क्रांतिकारियों को फाँसी लगा दी थी, मरते-मरते तक उन्होंने क्या कहा था ? जिन्हें आजन्म कारावास की सजाएँ मिली थीं, अंडमान में जाकर उन्होंने कैसे बड़ी-बड़ी लड़ाइयाँ लड़ीं, और आज जेलों में तथा जेलों के बाहर वे क्या कर रहे हैं इन चीज़ों का भी इस पुस्तिका से पता चलेगा।

ग़दर आंदोलन साधारण आतंकवादी आंदोलन नहीं था। उसकी नींव हिंदुस्तान में नहीं, देश के बहुत दूर अमरीका में पड़ी थी। उसके संस्थापक मध्यवर्ग के नवयुवक नहीं, पंजाब के किसान थे। यह किसान अधिकांश सिख थे, जो मेहनत मज़दूरी करके रोज़ी कमाने के उद्देश्य से विदेश चले गए थे।

जब हिंदुस्तान से चले थे, तब इनमें राजनीतिक चेतना बहुत ही कम थी; पर विदेशों में उनके कटु अनुभवों ने उन्हें बताया कि गुलामों का दुनियां में कैसा अपमान होता है। इसी चेतना के गर्भ से ग़दर पार्टी का जन्म हुआ। पार्टी के सदस्य योजनाएँ बनाया करते थे कि एक दिन वे हिंदुस्तान लौटेंगे और यहाँ आकर साम्राज्यवाद के ख़िलाफ़ सशस्त्र क्रांति करेंगे। इस कार्य को आगे बढ़ाने के लिए उन्होंने चंदा जमा किया, बहुतों ने तो अपना सब कछ पार्टी को दे दिया। हथियार खरीदे गए,

शस्त्र चलाने की शिक्षा दी गई। शीघ्र ही ग़दर पार्टी के 12,000 सदस्य हो गए।

1914 की लड़ाई शुरू हुई तो अपनी कार्रवाई के लिए उन्हें मौक़ा दिखा। उनके जत्थों पर जत्थे हिंदुस्तान लौटने लगे। दो सालों के भीतर आठ हजार से अधिक सदस्य वापिस भारत भूमि में आ गए। वे सीधे-सादे किसान थे, इसलिए सावधानी की जरूरत उन्होंने कम समझी। परिस्थिति का ज्ञान भी उन्हें कम था। बहुत से जहाज से उतरते ही गिरफ्तार हो गए, कुछ नज़रबंद कर दिए गए। केवल नज़रबंदों की संख्या 2,500 हो गई। फिर भी उनमें से सैंकड़ों पुलिस को चकमा देने में सफल हुए और विभिन्न क्षेत्रों में फैलकर गुप्त रूप से काम करने लगे।

ब्रिटिश सरकार से दरखास्त करते रहना ही उस समय की राजनीति थी। कांग्रेस में ज़्यादातर प्रतिष्ठित हिंदुस्तानी थे जिनमें बहुत से सच्चे देशभक्त थे। फिर भी किसी विद्रोह या क्रांति की कल्पना उनके दिमाग के बाहर की बात थी। राजनीतिक क्षेत्र में अभी जनता ने पैर नहीं रखा था। जनता सोई-सी, उदासीन-सी मालूम होती थी।

लौटे हुए ग़दर पार्टी के क्रांतिकारियों को लगा कि ब्रिटिश राज का तख्ता उलटने का एक ही रास्ता है कि हिन्दुस्तानी फ़ौजें विद्रोह कर दें। फ़ौजों में ज़्यादातर किसान होते हैं; यह लोग भी किसान थे, बहुत से फ़ौजी तो उनके ही रिश्तेदार और दोस्त थे। उस समय यूरोप और एशिया के मोर्चों पर बहुत से हिंदुस्तानी सैनिक भेजे जा रहे थे। हिंदुस्तानी सिपाही इससे असंतुष्ट थे। इसलिए जब ग़दर पार्टी के लोग उनसे मिले, तो

उनमें से बहुतों ने विद्रोह का समर्थन किया और उसमें शामिल हो गए।

योजना कामयाब नहीं हुई। कुछ लोगों ने धोखा दिया। नाकामयाबी की एक वजह यह थी ही, पर इससे भी बड़ी एक वजह थी। बिना जन-आंदोलन के सहयोग के, फौजी विद्रोह के द्वारा क्रांति कभी सफल नहीं हो सकती। दर्जनों आदमी फाँसी पर चढ़ा दिए गए, सैंकड़ों को लंबी सजाएँ दी गईं। हजारों नजरबंद कर दिए गए।

उम्र भर क़ैद की जिन लोगों को सज़ा मिली, उनमें 20 साल के नौजवानों से लेकर 60 वर्ष के बूढ़े तक थे। इन लोगों ने भारतीय राजबंदियों की हालत सुधारने का आंदोलन चलाकर अंडमान में कई बड़ी-बड़ी लड़ाइयाँ लड़ीं। उन्होंने प्रण कर लिया था कि वे झुकेंगे नहीं। सचमुच उन्हें कोई भी नहीं झुका सका। उनमें से आठ आदमी अंडमान में लड़ते हुए शहीद हो गए।

बीस-बीस साल की सज़ाएँ काटकर सन् 1930 के बाद के वर्षों में वे बाहर निकले। उनके शरीर जर्जर हो गए थे, पर उत्साह वही था।

उन्हें चैन की फिक्र नहीं थी, वे आराम नहीं चाहते थे। छूटते ही उन्होंने फिर लड़ाई शुरू कर दी।

लेकिन अपने कई मूल्यवान साथियों को खोकर उन्होंने जो अनुभव हासिल किया था, और हिंदुस्तान के अंदर और बाहर की घटनाओं से जो सबक़ पाया था उससे वे यह समझ गए थे कि अब पुराने तरीक़ों से काम नहीं चलेगा। अगर देश को स्वतंत्र करना है तो सारी जनता को जगाना पड़ेगा, और

जन-आंदोलन शुरू करना पड़ेगा। इस जन-आंदोलन के सहारे ही फ़ौजों को अपनी तरफ किया जा सकेगा और सत्ता हासिल करने के लिए आखिरी लड़ाई लड़ी जा सकेगी।

वे जन-आंदोलन में कूद पड़े। अपनी लगन, निस्वार्थ सेवा की भावना और निर्भीकता तथा अदम्य उत्साह की सारी परंपराओं को लेकर वे जन-आंदोलन और संगठन के काम में लग गए। उन्होंने कांग्रेस को संगठित किया और उसकी ऊँची से ऊँची कमिटियों तक में चुने गए। अपने से बहुत छोटे, नौजवान साथियों के साथ–जो उनके बेटे और नातियों के समान थे, मिलकर उन्होंने किसान-आंदोलन खड़ा किया और पंजाब के कम्युनिस्ट आंदोलन की नींव दृढ़ की।

1914 के स्वतंत्रता आंदोलन में जिस तरह ये लोग सबसे आगे थे, उसी प्रकार आज भी नए-नए विचारों को अपनाने में उन्होंने ग़ज़ब की योग्यता दिखाई है। साम्यवाद के झंडे के नीचे, स्वतंत्रता के सिपाहियों की पाँति में आज वे सबसे आगे दिखाई देते हैं।

अमर शहीद कर्त्तारसिंह के ये सब साथी, ग़दर पार्टी के सब सदस्य, आज कम्युनिस्ट पार्टी के अंदर हैं।

उनमें से हर एक का नाम–बाबा सोहनसिंह भखना, बाबा केसरसिंह, गुरुमुखसिंह, पृथ्वीसिंह–स्वयं वीरता का एक गाथा बन गया है; उनमें से एक-एक की जीवनी पर मोटी-मोटी किताबें लिखी जा सकती हैं। पंजाब के गाँवों का एक-एक बच्चा उन्हें प्यार करता है, उनके नाम लेते ही हरेक का सिर आदर और श्रद्धा से झुक जाता है।

1914 से ज़माना बहुत बदल चुका है। आज हमारे देश की जनता का एक जबरदस्त राष्ट्रीय आंदोलन है। इन इनक़लाबियों ने देश में विद्रोह की जो आग लगानी चाही थी, आज वह देश के कोने-कोने में फैल गई है। अपनी आज़ादी का आखिरी मोर्चा सामने है।

मुझे विश्वास है कि देश की वर्तमान नाजुक परिस्थिति में ग़दर पार्टी के इन वयोवृद्ध क्रांतिकारियों की स्मृति, तथा जिन वीरों ने राष्ट्रीय आजादी की बलिवेदी पर अपना सब कुछ न्यौछावर कर दिया था, और हँसते-हँसते हर जुल्म और आपदा का सामना किया था, उनकी यह संक्षिप्त कहानी देशवासियों में नया जोश भरेगी और आज़ादी की राह पर आगे बढ़ने की प्रेरणा देगी।

अजय कुमार घोष

विषय-सूची

1. गदर पार्टी की स्थापना

19वीं सदी के आखिरी और 20वीं सदी के शुरू के सालों में हजारों बूढ़े और नौजवान सिख किसान जीविका की तलाश में विदेशों को निकल गए थे। उनके पास जमीन के छोटे-छोटे टुकड़े थे उनसे जीविका जुटाना बड़ा ही कठिन हो गया था, इसलिए देश को छोड़कर उन्होंने दूर-दूर के देशों की यात्राएँ कीं।

उस ज़माने में आर्थिक संकट गहरा होता जा रहा था। डेढ़ शताब्दी के साम्राज्यवादी शोषण का असर पूरे तौर से प्रगट हो रहा था। भारतीय अर्थव्यवस्था जर्जर हो गई थी। उसके फिर सँभलने की आशा बहुत कम दिखाई देती थी। शहरी दस्तकारियाँ मिट गई थीं और ग्रामोद्योग नष्ट हो चले थे। लोगों का जीवन अधिकाधिक ज़मीन पर आश्रित होता जा रहा था। जमीन का छोटे-छोटे टुकड़ों में बँटवारा हो रहा था; किसानों की बेदखलियाँ तेज़ी से बढ़ रही थीं। खेतीबारी गिरती जा रही

थी। साथ ही साथ कर्ज और जमीन के लगान का बोझ बढ़ता जा रहा था। जो बचा था वह अकालों की बलि चढ़ गया। खेती करना मानो जुआ खेलना था।

हताश होकर केंद्रीय पंजाब के साहसी किसान बाहर निकल पड़े। हजारों ने अपनी ज़मीनें रेहन रख दीं, पशु और अन्य औज़ारों को बेच दिया, या कर्ज लिया और अपनी जन्मभूमि से विदा हुए।

बीसवीं सदी ज्यों-ज्यों आगे बढ़ी, ऐसे लोगों की संख्या भी बढ़ती गई। वे बर्मा, मलाया, सिंगापुर, हांगकांग, शंघाई और चीन के अन्य भागों, तथा आस्ट्रेलिया तक पहुँच गए। हृष्ट-पुष्ट थे ही, पुलिस या चौकीदारी का काम उन्हें आसानी से मिल जाता था; कुछ लोग व्यापारी और ठेकेदारी का काम करने लगे। देश में जितना कमाते थे वहाँ उससे ज्यादा कमाने लगे। इसलिए संतोष भी वहाँ अनुभव करने लगे। पर इन देशों के निवासी इन लोगों को विदेशी दमन और शोषण की मशीन का ही एक अंग समझते थे। इसलिए घृणा करते थे।

समाचार मिला कि अमरीका में और अच्छी तनख्वाहें मिलती हैं, और वहाँ और अधिक कमाया जा सकता है। जो सौभाग्यशाली लोग वहाँ पहले पहुँच गए थे, उन्होंने अपने रिश्तेदारों और दोस्तों को लिखा। विदेशों की ओर जानेवाली यह जनधारा पूर्व की ओर और दूर बढ़ी। प्रथम महायुद्ध के आरंभ होने से पहले, अमरीका और कनाडा में 15 हजार से अधिक भारतीय जा बसे। ज्यादातर तादाद इनमें सिखों की ही थी।

गुलामी का अभिशाप

अमरीका में मिल-मालिक और किसान अच्छी मजदूरी देते थे। हर एक आदमी दो से लगाकर तीन डालर (छह से लगाकर नौ रुपया) प्रतिदिन कमा लेता था। काम करने की ताक़त इनमें अधिक थी और रहन-सहन उनका साधारण था, अतएव अमरीका के मज़दूरों की अपेक्षा इन लोगों को नौकर रखना सस्ता पड़ता था। प्रतियोगिता और संघर्ष होना लाज़मी था। लेकिन जमाना अच्छा था, युद्ध से चोट खाई हुई आर्थिक व्यवस्था सँभलती जा रही थी, इसलिए अधिक झगड़ा नहीं खड़ा हुआ। -

पर सन् 1907 में आर्थिक संकट आया।बेकारी और तनख्वाहों में कटौती की हिलोर आई। मज़दूर सभाओं में संगठित अमेरिकन मज़दूर इस पूँजीवादी प्रहार के ख़िलाफ़ जोरों से लड़े, पर भारतीय मज़दूरों ने ऐसा नहीं किया। एक तो वे असंगठित थे; दूसरे वे पैसा पैदा करने के स्वार्थ से बँधे हुए थे। हड़ताल तोड़ने के लिए फैक्टरियों के मालिक अक्सर उसका फायदा उठाते। टैकोमा (ओरीगन) की रेलवे हड़ताल के टूट जाने पर अमेरिकन मज़दूर भारतीयों से और भी अधिक घृणा करने लगे। भारतीय-विरोधी भावना जड़ पकड़ने लगी। बेकारी की वजह से अमेरिकन मजूदरों में से कुछ ने गुंडागिरी और लूटपाट शुरू कर दी। विल्हम, एबर्ट, सेंटजॉन, टेकोमा और अन्य स्थानों की भारतीय बस्तियों पर हमले हुए, लूटमार मची। पुलिस को सूचना दे दी जाती थी, पर भारतीयों की मदद करने में वह भी

आनाकानी करती थी।

आर्थिक संकट के समाप्त होने पर यह लूटपाट और मारकाट बंद हो गई। पर भारतीय-विरोधी आंदोलन जारी रहा। यह बात नहीं थी कि अमेरिकन मज़दूर सिर्फ हिंदुस्तानियों से ही नाराज थे। उतने ही नाराज वे यूरोपियन और एशियाई देशों के प्रवासियों से भी थे। पर ये दूसरे लोग आज़ाद देशों के रहनेवाले थे। उनकी सरकारें, उनके हितों की रक्षा करती थीं। कैलीफोर्निया निवासी जापानियों की बस्ती में जब एक बार लूट-पाट हुई, तो जापानी सरकार के प्रतिनिधि ने अपने नागरिकों को एक डॉलर के नुकसान के एवज़ में दस डॉलर दिलवाए थे। पर हिंदुस्तानियों के मामले में ब्रिटिश प्रतिनिधि और राजदूत किसी प्रकार की भी मदद देने को तैयार नहीं थे। इस बात को देखकर वहाँ के हिंदुस्तानियों में पहली बार यह ख्याल जागा कि वे गुलाम हैं।

अमरीका में हिंदुस्तानियों की बस्तियाँ अधिकांशतः कैलीफोर्निया, औरगन, और वाशिंगटन में थीं। 'आलुओं के बादशाह' बाबा ज्वालासिंह, उनके साझीदार बाबा वसाखासिंह, और संतोषसिंह, बाबा सोहनसिंह भखना, बाबा केसरसिंह, और काशीराम आदि बहुत से प्रवासी भारतीय काफी पैसा पैदा कर रहे थे। उन्होंने देखा कि इतने पर भी उन्हें आदर नहीं मिलता। हर जगह उनका अनादर होता था—उनसे घृणा की जाती थी। होटलों में, और ट्रेनों में, पार्कों और थियेटरों में, उनके साथ भेदभाव बरता जाता था। हर जगह नोटिस लगे रहते थे कि, "हिंदुओं और कुत्तों को अंदर आने की इजाजत नहीं।" एक

गोरे ने बाबा सोहनसिंह भखना के साथ एक ही मेज पर बैठने से इनकार कर दिया। एक दूसरे ने बाबा केसरसिंह से कहा, "काम देने की बजाय तुम्हें गोली मार देनी चाहिए !" कुछ और लोग उनसे हिंदुस्तानी आबादी पूछकर डंक सा मारते ! "तीस करोड़ ! बाप रे !! आदमी हैं या भेंड़ें।" इसी तरह की और भी बातें सुननी पड़ती थीं। इसमें संदेह नहीं कि अमरीकन मजदूर आंदोलन के अंदर और बाहर हिंदुस्तान के बहुत से हमदर्द और दोस्त भी थे। लेकिन वे भी जवाब देते थे, "हम क्या करें ! अमरीकन लोग गुलामी से घृणा करते हैं, और तुम गुलाम हो।"

प्रवासी भारतीयों ने जो अब तक नहीं समझा था, उसे अब समझ लिया। हर भारतीय के दिल पर अमिट अक्षरों में अंकित हो गया "हम गुलाम हैं।"

कनाडा में भी हालत अच्छी नहीं थी। कनाडा के अधिकारियों ने पहले अस्वस्थ स्थान होंडूरस के विषय में विज्ञापन निकाला कि वहाँ की जमीन, "पृथ्वी में सबसे अच्छी है, वहाँ बसने के लिए विदेशों से लोग आएँ।" पर बाबा भगवानसिंह, बलवंत सिंह और संत तेजासिंह के प्रतिनिधि मंडल ने जाकर जब उस 'स्वर्ग' को देखा तो 'नर्क' से भी बदतर पाया। भारतीयों ने 'सरकारी खर्चे' या किसी शर्त पर वहाँ बसने से इनकार कर दिया।

परदेशियों के संबंध में 1910 में कनाडा में एक बड़ा काला कानून पास हुआ। इसके अनुसार कोई एशियावासी अपने देश में जब तक कनाडा का सीधा टिकट न ले और उसके पास

दो सौ डालर न हों, तब तक वह कनाडा में प्रवेश नहीं कर सकता था। इस क़ानून का उद्देश्य भारतीयों को ही रोकना था। उनके पास खुद के अपने जहाज़ तो थे नहीं कि वे सीधे कनाडा पहुँच जाते इसलिए घूम फिर कर ही वे कनाडा जा सकते थे। यह उनकी गुलामी की सजा थी।

विद्रोह का जन्म

गुलाम देश में पैदा होने की वजह से उन्हें पग-पग पर अपमान उठाना पड़ रहा था। अमरीकन प्रजातंत्र में उन्होंने राजनीतिक समानता देखी। उन्होंने देखा कि आम लोगों के अधिकारों की वहाँ इज्जत की जाती है। लोग काफी आजादी से रहते हैं।

उनके दिलों में अपने प्रति असंतोष की आग धधक उठी। राष्ट्रीय अपमान की भावना और अमरीकन प्रजातंत्र की नई तस्वीर ने उस आग को भड़काया। उन्होंने अपने चारों ओर के देशों में खास तौर से आयरलैंड, चीन, मिश्र और टर्की में उठते हुए नए-नए राष्ट्रीय आंदोलनों को देखा। हरदयाल और बरकत उल्लाह ऐसे बुद्धिजीवी क्रांतिकारी अलग-अलग छिटपुट ढंग से काम करते थे। उनका झुकाव अराजकवाद की ओर था। इसी ज़माने में वे इन लोगों के संपर्क में आए। शीघ्र ही कैलीफोर्निया स्टॉक्टन, और कनाडा के वेन्कूवर के गुरुद्वारे क्रांतिकारी कार्रवाई का जबरदस्त अड्डे बन गए।

कैलीफोर्निया के खेतों में, ओटोमन और वाशिंगटन के

फैक्टरियों में, तथा सैकड़ों मील की दूरी पर बिखरी हुई भारतीय बस्तियों में एक नई भावना का जन्म हुआ। इस भावना का नाम था ब्रिटिश शासन के ख़िलाफ़ विद्रोह !

इस नई जाग्रति को संगठित रूप देने का समय आ गया था।

ग़दर पार्टी की स्थापना

यह काम बाबा सोहनसिंह भखना ने प्रारंभ किया। वह उस समय अस्ट्रोरिया के एक चीड़ के कारखाने में काम करते थे। 14 मार्च 1913 को वहाँ एक मीटिंग हुई। ऑरेगन और वाशिंगटन के कारख़ानों के 40 प्रतिनिधियों समेत 120 व्यक्तियों ने उसमें भाग लिया। इस मीटिंग के निर्णयों की पुष्टि करने के लिए 1 नवंबर 1913 को सैन फ्रांसिस्को में एक और बड़ी सभा हुई। इन दो मीटिंगों में 15,000 डॉलर जमा किए गए और 'हिंदी-एसोसिएशन' नामक एक सभा स्थापित की गई। यह भी तय किया गया कि 1857 के ग़दर की स्मृति में सभा का 'गदर' नाम का पत्र हिंदी, उर्दू, मराठी और गुरुमुखी में प्रकाशित किया जाए। बाद में इसी पत्र के नाम के कारण सभा का सुप्रसिद्ध नाम 'ग़दर पार्टी' पड़ा।

ग़दर पार्टी के संस्थापकों में प्रधान थे बाबा सोहनसिंह भखना, बाबा ज्वालासिंह, बाबा वसाखासिंह, बाबा संतोखसिंह, बाबा कर्त्तारसिंह सराबा, केसरसिंह, पृथ्वीसिंह, बाबा करमसिंह

चीना, भानसिंह कनैडियन, शेरसिंह लालसिंह, ऊधमसिंह कसैल, संतसिंह गोविंद और हरनामसिंह टुंडीलाट आदि। इन नामों को लेते ही देश की स्वतंत्रता के लिए लड़ी गई अनेक लड़ाइयों और अलौकिक बलिदानों की गाथाएँ स्मरण हो आती हैं।

जिस प्रस्ताव के द्वारा ग़दर पार्टी की नींव डाली गई थी, उसी प्रस्ताव के द्वारा यह भी निश्चित किया गया था कि ब्रिटिश साम्राज्य को उखाड़ कर उसकी जगह पूर्ण समानता और स्वतंत्रता के आधार पर एक राष्ट्रीय प्रजातंत्र की स्थापना ही इस पार्टी का उद्देश्य है। दुनियाँ में जहाँ कहीं भी गुलामी के ख़िलाफ़ लड़ाई चले उसमें हिस्सा लेना ग़दर पार्टी के सदस्य का पुनीत कर्तव्य ठहराया गया।

पहले चुनाव में बाबा सोहनसिंह भखना और स्वर्गीय हरदयाल को क्रमशः पार्टी का सभापति और मंत्री चुना गया। बाबा ज्वालासिंह और बाबा केसरसिंह को उपसभापति, कंसीराम को ख़ज़ाँची, करीमबक्स और मुंशीराम को संगठन-मंत्री नियुक्त किया गया, अधिकांश संस्थापक सदस्यों की एक संगठन समिति और गुप्त तथा राजनीतिक कामों को चलाने के लिए तीन आदमियों की एक छोटी कमेटी भी चुनी गई। बाबा कर्त्तारसिंह सराबा, बाबा हरनाम सिंह, और श्री जगतराम को नियुक्त किया गया कि 'गदर' निकालने में वे श्री हरदयाल की मदद करें।

1918 तक पार्टी का केंद्रीय दफ़्तर 436 हिल स्ट्रीट, सैनफ्रांसिस्को में रहा। आगे चलकर यही स्थान 'युगांतर आश्रम' के नाम से प्रसिद्ध हुआ। पाँच वर्ष बाद सन् 1918 में, 4 वुडस्ट्रीट में पार्टी का अपना दफ्तर बन गया।

पहली नवंबर 1913 को 'गदर' का पहला अंक प्रकाशित हुआ। उसमें साम्राज्यवाद-विरोधी विद्रोह की आग का संदेश था। प्रत्येक अंक में 'ब्रिटिश राज का कच्चा चिट्ठा' प्रकाशित होने लगा। देश की आज़ादी के सैनिकों के लिए, उसमें सिर्फ मौत और शहादत की पुकार होती थी, फिर भी धड़ाधड़ उसके सदस्य बनने लगे। शीघ्र ही पार्टी की सदस्यता 5 हजार तक पहुँच गई। अख़बार और पार्टी के लिए चंदे की वर्षा होने लगी। हजारों भारतीय मज़दूरों के खून और पसीने की कमाई की एक-एक पाई बड़ी कीमती थी। नेता इसे समझते थे। उन्होंने खुद भी अपना सब कुछ दे डाला, और गुज़र लायक थोड़ा सा भत्ता लेकर काम करना शुरू कर दिया।

कनाडा, मलाया, जापान, चीन, फिलिप्पाइन, फिजी, अर्जेंटाइना, और यहाँ तक कि हिंदुस्तान तक 'गदर' का संदेश पहुँचा। इन जगहों में भी संगठन फैलने लगा। कुछ महीनों में ही केवल अमरीका और कनाडा में पार्टी की 62 शाखाएँ खुल गईं।

ग़दर पार्टी के नौजवानों ने शीघ्र ही अन्य देशों में—ज़ारकालीन रूस, चीन और आयरलैंड के—स्वतंत्रता के सैनिकों से संबंध जोड़ लिया। एक बार युगांतर आश्रम के 25 क्रांतिकारियों सिर्फ दो डालर रोज पर बसर करते देखकर उनके एक मित्र ने कहा : "यदि हिंदुस्तान के सपूत इस प्रकार मिलकर रह सकते हैं, काम कर सकते हैं, और लड़ सकते हैं, तो वह दिन दूर नहीं जब भारत आज़ाद होगा !" तो उनके गर्व का क्या कहना था।

ग़दर पार्टी एक छोटा षड्यंत्र नहीं था। वह एक जबरदस्त आंदोलन था।

ब्रिटिश सरकार इसे खूब समझती थी। उसने सोचा कि अगर इसे प्रारंभ में ही खत्म न किया गया तो उसके लिए भयंकर खतरा होगा। उसने अपने जासूसों को ग़दर पार्टी में भेजना शुरू किया। गुरुद्वारों के ग्रंथी (पुरोहित) बनने के लिए उसने अपने आदमी भेजे, और उनसे नेताओं के ख़िलाफ़ फ़तवा दिलवाया ! अमरीका के गंदे से गंदे लोगों से उसने मदद ली, और यहाँ तक कि वहाँ के भारतीय-विरोधी आंदोलन को उसने और उभारा और मदद दी।

मार्च 1914 में श्री हरदयाल को अमरीका से निकाल भगाने के इरादे से 'खतरनाक विदेशी' कहकर गिरफ़्तार कर लिया गया। पार्टी ने उनकी जमानत दे दी और उन्हें स्विट्ज़रलैण्ड भेज दिया। कहने की आवश्यकता नहीं कि वह जमानत जब्त कर ली गई।

इसके बाद श्री हरदयाल का पार्टी से संपर्क टूट गया। किंतु, अमरीका में संगठन और उसकी शक्ति बढ़ती ही रही। हर रोज़ पार्टी शक्तिशाली बनती जाती थी। उधर यूरोप के ऊपर युद्ध के बादल मँड़राने लगे थे।

कोमागाटा मारू की घटना

कनाडा में विदेशियों के प्रवेश को रोकनेवाले 1910 के काले

कानून का प्रभाव भारत से जानेवाले नए प्रवासियों पर ही नहीं पड़ता था। उसका मतलब यह भी था कि जो भारतीय देश छोड़कर बर्मा, मलाया, सिंगापुर और चीन पहुँच गए थे, अब वह आगे नहीं जा सकते थे; या लौट आएँ या वहीं पड़े रहें। लेकिन वे जाते कहाँ; वे तो अपना सब कुछ बेचकर या गिरवी रखकर विदेशों के लिए निकले थे। कनाडा में बसनेवाले भारतीयों की पत्नियाँ, माताएँ और बहनें वहाँ पर पहुँची। उन्हें बहुत दिनों तक तट पर ही रोके रखा गया और फिर जहाजों में चढ़ाकर घर लौटा दिया गया। हर जगह के हिंदुस्तानियों में इसके खिलाफ़ जोरदार आवाज़ उठी थी पर लंदन के भारतमंत्री ने इस संबंध में भारतीयों के एक प्रतिनिधि मंडल से मिलने से भी इंकार किया।

कनाडियन सरकार ने समझा कि मामला शांत हो गया। लेकिन उन्हें क्या मालूम था कि जो लोग जीविका कमाने के लिए सब कुछ छोड़-छाड़कर इतनी दूर तक आए थे, वे चुपचाप नहीं जा सकते। कनाडा की चुनौती का जवाब वे देंगे। अमरीका और कनाडा मे जगह-जगह पैसा जमा होने लगा। हांगकांग में बाबा गुरुदीपसिंह ने कोमागाटा मारू नाम का एक जहाज किराए पर ले लिया। 14 अप्रैल 1914 को कलकत्ता और सिंगापुर से 400 यात्रियों को लेकर यह जहाज कनाडा की ओर चल पड़ा। 23 मई तक यह जहाज वेंकूवर पहुंचा। कनाडा की सरकार के नए क़ानून की सब शर्तें पूरी थीं फिर भी इन यात्रियों को कनाडा में उतरने से रोका गया और हुक्म निकाला गया कि जहाज फिर वापिस हिंदुस्तान चला जाए।

कोमागाटा मारू के यात्रियों ने इस हुक्म को मानने से इंकार कर दिया। संघर्ष प्रारंभ हो गया। कई दिन बीत गए। खाने की सामग्री समाप्त हो गई। यहाँ तक कि जहाज पर पानी भी न बचा। इतने से भी कनाडा सरकार संतुष्ट न हुई।

यात्रियों की दृढ़ता को देखकर उसने चेतावनी दी कि शक्ति का प्रयोग किया जाएगा। कनाडा के सिपाहियों ने 'कोमागाटा मारू' को घेर लिया और खबर भेजी कि जहाज हटाया नहीं जाएगा, तो गोली चलाई जाएगी।

कनाडा और अमरीका के प्रवासी भारतीयों में एक-एक बच्चा अपने देश के यात्रियों के अधिकारों की रक्षा के लिए उठकर खड़ा हो गया। 22,000 डालर जमा करके जहाज का बाकी किराया अदा कर दिया गया। हर स्थान पर विरोध में मीटिंगें और प्रदर्शन हुए। कनाडियन लोगों तक ने बल-प्रयोग का विरोध किया। क्रोध पहले ही आखिरी सीमा तक पहुँच गया था। उसी समय खबर मिली कि यदि जहाज नहीं हटेगा, तो उस पर गोलाबारी की जाएगी। बेंकूवर के गुरुद्वारे में चार हजार भारतीयों की एक सभा हुई। वातावरण गर्म था। निश्चय किया कि ईंट का जवाब ईंट से ही दिया जाए, और यदि कोमागाटा मारू पर गोलाबारी हो, तो सारे शहर में आग लगा दी जाए। इससे कनाडियन सरकार सहम कर ठहर गई।

लेकिन यात्री उसी अवस्था में रहे। जहाज पर अन्न नहीं बचा, पानी नहीं बचा और अब आगे कुछ करना असंभव हो गया। 23 जुलाई को मजबूर होकर कोमागाटा मारू लौट चला। कनाडियन सरकार यात्रियों का सारा खर्चा अदा करने पर राजी

हो गई।

लौटता हुआ कोमागाटा मारू विद्रोह का ज्वालामुखी बन गया। विदेश जाने के लिए उसके यात्री पहले ही सब कुछ दाँव पर लगा चुके थे। अब उनमें एक ही संकल्प था—ब्रिटिश साम्राज्य का नाश करके अपनी मातृभूमि की प्रतिष्ठा और स्वतंत्रता प्राप्त करना। उन्हीं यात्रियों में एक नौजंवान था गुरुमुखसिंह।

इन यात्रियों की मदद करने के लिए ग़दर पार्टी ने कुछ उठा न रखा था पर अपने देशवासियों के प्रति इस अमानुषिक और अपमानजनक व्यवहारों को देखकर उसके सदस्यों का धैर्य जाता रहा। वर्षों पहले जो घृणा की चिनगारी उनके हृदय में लग चुकी थी वह ज्वालामुखी बनकर ऊपर आ गई। जिस सरकार ने कोमागाटा मारू का अपमान किया है, उसे कायम रहने का कोई अधिकार नहीं है।

2. मातृभूमि की ओर

ग़दर पार्टी ने विदेशों में भारतीयों को संगठित करने के अलावा और भी बहुत कुछ किया था। स्वतंत्रता की भावना ने थोड़े ही काल में ही इन प्रवासियों के दृष्टिकोण को बदल दिया था। अपने-अपने स्वार्थ के लिए परस्पर प्रतियोगिता अब नहीं थी। उसके स्थान पर था, आदर्शों के लिए भाईचारा और एकता का भाव। हड़ताल तोड़ने के दिन बीत चुके थे। अब वे स्वयं मज़दूर सभाओं में सम्मिलित होते थे। आपसी झगड़े लज्जाजनक समझे जाने लगे। अब वे कुछ डालरों के लिए न लड़कर किसी और बड़े उद्देश्य के लिए एक होकर लड़ रहे थे। अमरीकन उन्हें आदर की दृष्टि से देखने लगे। उन अमरीकनों में से तीन, जिसमें एक महिला थी, उनके साथ लड़ने के लिए भारत भी आए। ब्रिटिश सरकार ने उन्हें गिरफ़्तार करके फिर अमरीका वापिस भेज दिया। फैक्टरियों के मालिक भी अब आँखें मलते हुए पूछते थे : ''इन हिंदुस्तानियों को हो क्या गया है ?''

हिंदुस्तान की जनता में साम्राज्यवाद विरोधी प्रचार करने के उद्देश्य से ग़दर पार्टी के तीन सदस्य 1913 में ही भारत भेजे गए थे। ग़दर पार्टी के सदस्य जानते थे कि ब्रिटिश साम्राज्य के खिलाफ़ वास्तविक संग्राम तो हिंदुस्तान में ही होना है। अमरीका के संघर्षों को वे उस लड़ाई की केवल भूमिका समझते थे। कोमागाटा मारू की घटना ने उनके दिलों में आग लगा दी। युद्ध के बादल गड़गड़ा रहे थे। उन्होंने कहा कि यही मौका है।

अमरीका में जगह-जगह सभाएँ होने लगीं। आनेवाले स्वतंत्रता-संग्राम के लिए हजारों सैनिक भरती हुए।

बाबा सोहनसिंह भखना कोमागाटा मारू पर अमरीका से भारत के लिए रवाना हो गए। एक दूसरा दल जिसमें बाबा कर्त्तारसिंह, बाबा ज्वालासिंह, बाबा करमसिंह, बाबा रूरसिंह तथा श्रीयुत जगतराम आदि थे, युद्ध छिड़ते ही हिंदुस्तान की ओर चल दिया। काम का वक्त आ गया था। पार्टी ने सदस्यों को हुक्म दिया कि वे सब हिंदुस्तान के लिए कूच कर दें।

घर की ओर यात्रा आरंभ हो गई। हजारों व्यक्तियों ने अपनी बड़ी-बड़ी नौकरियाँ और लाखों डालरों के व्यापार को, जिसे उन्होंने वर्षों की अनवरत परिश्रम से जमा किया था, लात मार दी। अब उनकी सबसे अधिक मूल्यवान संपत्ति थोड़े से हथियार थे जिन्हें लेकर वे मातृभूमि की ओर लौट रहे थे।

हिंदुस्तान की परिस्थिति के विषय में उन्हें बहुत कम ज्ञान था। उनके दिमाग में एक ही विचार था कि आज से अधिक अच्छा मौका कभी हाथ न आएगा। हो सकता है कि सब मर जाएँ, पर आजादी की लड़ाई आरंभ करके ही वे मरेंगे।

जापान से बरकत-उल्लाह ने, शंघाई में मथुरासिंह ने और हांगकांग में भगवानसिंह ने ग़दर पार्टी की स्थापना की थी। रास्ते में जहाँ-जहाँ से वे निकले, चीन और जापान, हांगकांग और सिंगापुर, सभी जगह के भारतीय प्रवासियों में उन्होंने सशस्त्र क्रांति का मंत्र फूँक दिया। इन जगहों से भी बहुत से लोग उनके साथ शामिल हो गए।

गुर्जरसिंह और सच्चरसिंह इन्हीं लोगों में से आए थे। उनका जहाज कुहरे में छिपे उस भयानक द्वीप अंडमान के पास से गुजरा। साम्राज्यवादी अत्याचारों के उस प्रतीक को देखकर, उनकी आँखों में कब्रनुमा कोठरियों के अंदर बंद हथकड़ियों में बँधे परदेश के सिंहों के चित्र घूम गए। आँखों में आँसू और दिल में दृढ़ संकल्प भरकर उन्होंने फिर अपने प्रण को दोहराया कि, "माँ ! हम तेरी बेड़ियाँ काटने के लिए ही स्वदेश लौट रहे हैं।" उस उत्साह और जोश में यह कौन सोच सकता था कि अगले वर्ष उन्हें भी इन्हीं कोठरियों में जाना पड़ेगा।

देश पहुँचते ही गोलियों से स्वागत

भारत सरकार को इन क्रांतिकारियों की पहले से ही सूचना थी। रामचंद्र जैसे उसके जासूस ग़दर पार्टी में उच्च पदों तक पहुँच गए थे। इसके अलावा पार्टी ने अपने उद्देश्यों और कार्रवाइयों को गुप्त रखने का भी कभी प्रयत्न नहीं किया था; अपने जोश और अनुभवहीनता के कारण, हिंदुस्तान लौटने के फैसले को

भी वे गुप्त न रख सके थे। जासूस उनके पीछे थे। हांगकांग से विशेष रूप से वे उनके (क्रांतिकारियों के) पीछे लग गए थे। कलकत्ता में, सरकार ने उनके स्वागत का और 'बिना किराए की' विशेष फौजी ट्रेनों में सफर कराने का प्रबंध कर रखा था।

कोमागाटा मारू 27 सितंबर को हुगली पहुँचा, और 29 सितंबर को 11 बजे बजबज में किनारे लगा। हांगकांग और सिंगापुर में उसके यात्रियों को उतरने नहीं दिया गया था। कहना व्यर्थ है कि इन यात्रियों ने भारत सरकार की विशेष ट्रेनों में सवार होने से इंकार कर दिया। संघर्ष हुआ, पुलिस ने गोली चलानी शुरू की। 18 आदमी गोली के शिकार हुए, और 31 गिरफ्तार करके जेलों में डाल दिए गए। सिर्फ साठ को ट्रेनों में सवार किया जा सका। तीस, जिसमें बाबा गुरुदीपसिंह भी थे, भाग निकले। बजबज के शहीदों के नाम आज भी पंजाब के अमर राष्ट्रीय गीतों में गूँजते हैं, उसका राग कभी पुराना नहीं हो सकता।

जब यह खबर अन्य प्रवासियों को जो शंघाई, हांगकांग, पंजाब और रंगून में थे लगी, तो उनके क्रोध की आग में घी पड़ गया। पर अब वे समझ गए थे कि सावधानी से काम करना चाहिए। उन्हें जो चीनी क्रांतिकारी मिले, उन्होंने भी सावधानी से सब कुछ करने की सलाह दी। अपने हथियार जिन्हें वे अपनी संपत्ति से भी प्यारा समझते थे, समुद्र में फेंक देने पड़े। कुछ लोगों ने बर्मा द्वारा भारत में प्रवेश करने की चेष्टा की।

लेकिन होशियारी से काम करने का विचार काफी देर में आया था और तब भी उस पर सबने अमल नहीं किया था। सौ आदमियों का जो पहला दल आया, उसमें से उतरते-उतरते

बाबा सोहनसिंह भखना गिरफ्तार हो गए। तोशा मारू नामक जहाज के 173 यात्री भी, जिनमें ग़दर पार्टी के अधिकांश नेता थे, भारत पहुँचते ही गिरफ्तार कर लिए गए। बाद में इनमें से 73 आदमी रिहा कर दिए गए, और सौ को मांटगुमेरी और मुल्तान सेंट्रल जेलों में बंद कर दिया गया।*

इस काल में लगभग 3,125 प्रवासी भारत लौटे। उनमें से करीब एक हजार को जेल भेज दिया गया या नजरबंद कर दिया गया। बाद में और लोग भी आए। पिछले महायुद्ध के पहले दो वर्षों में करीब 8 हजार देशभक्त भारत लौटे (ग़दर पार्टी के 12,000 सदस्य थे)। 400 को जेलों में डाल दिया गया, लगभग 2,500 नज़रबंद कर दिए गए।

इन प्रवासियों के लिए भारत सरकार ने पहले से ही विशेष काले कानून बना लिए थे। उन कानूनों का अंधाधुंध प्रयोग किया गया। क्रांतिकारियों ने जो योजनाएँ बनाई थीं, फूलने फलने के पहले ही वे मुरझा गईं।

---

* एक बार मुल्तान जेल में इन बंदियों को, पंजाब के गर्वनर माईकेल ओ' डायर के सामने एक लाइन में खड़ा किया गया। गर्वनर ने उपहास करते हुए कहा, "अच्छा आपका कहना है कि पंजाब आपका है ?" तुरंत जवाब मिला,. "सिर्फ पंजाब नहीं, सारा हिंदुस्तान हमारा है। तुम एक दिन देखोगे कि इस भूमि पर हमीं शासन करेंगे" कोई आश्चर्य नहीं यदि इन लोगों को जिक्र करते हुए ओडायर ने अपनी एक किताब में लिखा कि : "पूरे प्रांत की क्या हालत हुई होती अगर यह दल अपनी मनमानी करने पाता; इसकी कल्पना भर से दिल काँप उठता है।"

सशस्त्र विद्रोह की योजना

इन घटनाओं के बाद सरकार समझी कि ग़दर पार्टी खत्म हो गई है। लेकिन, यह भ्रम था।

छह हजार से अधिक प्रवासी लौट आए थे; पुलिस उनमें से केवल आधे लोगों का पता लगा पाई थी। कुछ थोड़े से लोग अपने घर चले गए। लेकिन बाकी रणक्षेत्र में डटे रहे, आजादी और विद्रोह का संदेश लेकर जनता के बीच काम करने लगे। पं. जगतराम पुलिस और फ़ौज की आँखों के सामने से कलकत्ते में भाग गए थे, सरकार पृथ्वीसिंह रावलपिंडी में रेल से गायब हो गए थे। बाबा गुरुमुखसिंह ने नजरबंदी के हुक्म की अवहेलना की और काम करने लगे। बाबा करमसिंह चीना की तरह बहुत से लोग नजरबंदी में भी काम करते रहे। उनकी असली योजना भंग हो गई। दल भी तितर-बितर हो गया था, किंतु इन निर्भीक वीरों ने पुनः एक दूसरे से संपर्क स्थापित किया और फिर काम शुरू कर दिया।

उनका खयाल था कि भारतीय सेनाओं में विद्रोही विचार भरे बिना ब्रिटिश शासन को नहीं उलटा जा सकता। इस काम में सफलता की भी पूरी आशा थी। आखिर सेना में भी तो उन्हीं की तरह सीधे-सादे देशभक्त किसान होते हैं। वे उन्हीं के पिता, पुत्र, भाई या अन्य रिश्तेदार होते हैं। आवश्यकता सिर्फ़ इतनी थी कि उनकी आँखों के सामने का पर्दा उठा दिया जाए। सेना में असंतोष पहले से ही था। ब्रिटिश सरकार के इशारे पर मेसोपोटामियाँ, फ्रांस आदि अपरिचित देशों में जाकर खून बहाना

उन्हें पसंद नहीं था। उनका ख्याल था कि पहले थोड़े से दृढ़ संकल्पी क्रांतिकारी विद्रोह का झंडा उठाएँ; तो उनके पीछे बहुत से लोग उमड़ पड़ेंगे। शचींद्रनाथ सान्याल, बी.जी. पिंगले तथा रासबिहारी बोस आदि द्वारा बंगाल तथा युक्त प्रांत के पुराने क्रांतिकारियों से संपर्क स्थापित किया गया। षड्यंत्रकारी कार्य का इन दलों को ज्यादा अनुभव था। लेकिन ये लोग कॉलेज के विद्यार्थियों तथा मध्यमवर्गीय युवकों से आगे, बाहर के लोगों से नहीं मिल सके थे। ग़दर पार्टी के क्रांतिकारी पहले व्यक्ति थे, जो क्रांतिकारी विचारों को फ़ौजों और किसानों में लेकर गए।

शीघ्र ही उन्हें सफलता मिली। चार-चार, पाँच-पाँच सदस्यों के छापेमार दलों का संगठन हो गया। उनके साहित्य का चारों तरफ प्रचार होने लगा। छोटे-छोटे गुरुद्वारे क्रांतिकारियों के बड़े अड्डे बन गए। बहुत से गाँवों में क्रांतिकारी सपूतों को आश्रय देने के लिए किसानों ने खुले आम पुलिस की अवहेलना की और उससे टक्कर ली।

फ़ौज में किए गए प्रचार कार्य का महत्व अधिक था। 19 वर्षीय कर्त्तारसिंह सराबा, जो उड़ीसा के रेवेनशा कालेज के विद्यार्थी थे, आदर्श क्रांतिकारी संगठनकर्ता निकले। साइकिल से सौ-सौ मील लंबा सफर करके वह इस चौकी से उस चौकी जाते और क्रांतिकारी विचारों का प्रचार करते। उत्तर में बन्नू से बनारस तक एक भी ऐसा फौज़ी केंद्र न था जहाँ वह न गए हों, और क्रांतिकारी संदेश न पहुँचाया हो। होशियारी और युक्ति उनमें इतनी थी, कि जब अफ़सरी पोशाक पहनकर वह फौजी क्षेत्रों में घुसते तो पहरेदार तक फ़ौजी सलामी देते, और

वह निर्भय होकर बैरकों में चले जाते। असंतुष्ट सिपाहियों से जाकर वह कहते, "यदि एक दिन मरना ही है, तो अपने देश की स्वतंत्रता के लिए, क्रांतिकारी झंडे को उठाकर क्यों नहीं मरा जाए।" फीरोजपुर, रावलपिंडी और लाहौर के दस्तों ने विद्रोह करने का आश्वासन दे दिया। मेरठ, लखनऊ, फैजाबाद, कानपुर, इलाहाबाद आदि के सिपाहियों में भी आग भड़कने लगी। दूर ढाका और जबलपुर के केंद्र भी अछूते नहीं रहे।"

फ़ौजों के असंतोष के अलावा, दक्षिणी पूर्वी पंजाब के मुसलमान किसानों में बड़ी बेचैनी फैल रही थी। ऐसा लगने लगा कि उचित अवसर आ पहुँचा है।

21 फरवरी 1915 विद्रोह की तिथि नियुक्त की गई।

दिसंबर में ही वातावरण गर्म हो चला था। फौज और पुलिस की चौकियों पर हमले तथा क्रांतिकारी कार्यों के लिए अर्थ प्राप्त करने के लिए सरकारी खज़ानों, डाक और रेलवे स्टेशनों की लूटपाट शुरू हो चुकी थी। गिरफ़्तारियाँ की गई थी, फिर भी सरकार काफी घबराई हुई थी। अधिकारियों ने केंद्रीय सरकारों को लिखा : इस समय इन क्रांतिकारियों पर मुक़दमा चलाना उचित नहीं है। वकीलों की बहस, आदि के कारण, इनके मुकदमे बहुत दिन तक खिंचते जाएँगे और उसका असर अच्छा नहीं होगा।

19 दिसंबर को केंद्रीय सरकार से प्रार्थना की गई कि इस परिस्थिति को सँभालने के लिए एक विशेष आर्डिनेंस बनाया जाए।

21 फरवरी पास आ रही थी। तैयारियाँ जोरों से शुरू हुईं। लाहौर को केंद्र बनाकर दूर-दूर तक चारों ओर काम का

जाल बिछा दिया गया। अमृतसर में एक प्रेस और लोहादबड्डी और झाबेवाल में बम फैक्टरियाँ स्थापित कर दी गईं। हथियार जमा कर लिए गए। जगत को काबुल भेजा गया और झाँसी के पंडित परमानंद को बंगाल। चार रंग का झंडा बनाया गया। क्रांतिकारी वर्दियाँ और चिन्ह तैयार कर लिए गए। ब्रिटिश सरकार के खिलाफ युद्ध प्रारंभ करने के संबंध में एक घोषणा भी लिख दी गई।

परिस्थिति अनुकूल जान पड़ रही थी। ब्रिटिश फौज का अधिकांश भाग फ्रांस के मोर्चे पर था। युद्ध का पूरा असर पड़ने लगा था। भाव तेजी से बढ़ चले थे। तरह-तरह की अफवाहें उड़ रही थीं। कहा जाने लगा कि महाप्रभु जगबन्धु जो भारत की आजादी के लिए 13 साल से हिमालय में तपस्या कर रहे थे, अपनी तपस्या पूरी करके नीचे लौट रहे हैं। देश की आजादी का दिन आ गया। कलकत्ता में कानाफूसी हो रही थी कि पंजाब में कोई भारी घटना होनेवाली है।

क्रांतिकारियों ने अपनी योजना बड़ी होशियारी से बनाई थी। उनके आँकड़े और सब सूचनाएँ सही थीं। बस, काम इतना ही रह गया था कि किसी एक रात को शहरों और फौजी बस्तियों पर हमला शुरू कर दिया जाता, और सिपाहियों की मदद से शस्त्रागारों कर कब्जा कर लिया जाता। राजबंदियों को जेलों से रिहा कर देने, और सरकारी खजानों पर कब्जा कर लेने के बाद सभी क्रांतिकारी दलों को फिर पंजाब लौट आना था। तब वे इतने शक्तिशाली हो जाते कि आगामी एक वर्ष तक उनकी लड़ाई जारी रखी जा सकती थी और फिर यह

उम्मीद थी कि एक प्रांत में क्रांति का झंडा लहराने लगे तो सारा देश उठ खड़ा होगा !

योजना थी कि क्रांति पंजाब की फौजी बस्तियों से शुरू होकर पूर्व की और बढ़ेगी। 1857 के ग़दर के बाद, देश-व्यापी विद्रोह की यह सबसे व्यापक और सुसंगठित योजना थी।

योजना पर वज्रपात

योजना तैयार हो चुकी थी। देशभर के क्रांतिकारी पंजाब पर आँख लगाए हुए थे कि यकायक वज्रपात हुआ।

18 फरवरी की रात में तथा दूसरे दिन सुबह प्रांत के सभी प्रधान नगरों को गोरे सिपाहियों से भरी हुई लारियों ने घेर लिया। हर प्रमुख स्थान पर पुलिस और फ़ौज तैनात हो गई। सड़कों पर गश्त शुरू हो गई। फ़ौजी बस्तियों के शस्त्रागारों पर ब्रिटिश सैनिक बैठा दिए गए। पहरा सख्त हो गया, और कड़ा फौजी अनुशासन लागू कर दिया गया। देखनेवाले इन भीषण तैयारियों को देखते और आश्चर्य से सोचते कि यह किसलिए किया जा रहा है।

सरकार का हमला शुरू हो गया था। ग़दर पार्टी में घुसे हुए कृपालसिंह नामक जासूस ने पुलिस को सारी योजना की पहले ही खबर दे दी थी। क्रांतिकारियों ने 19 फरवरीको फिर आखिरी प्रयत्न किया। किंतु अवसर हाथ से निकल चुका था। सारी योजना फिर प्रगट हो गई।

11 तारीख की सुबह जब युवक सराबा क्रांतिकारियों के जत्थे लेकर फीरोजपुर पहुँचा तब उसके ओजपूर्ण भाषण भी हतोत्साहित सिपाहियों को उठा न सके। सिपाहियों ने चुपचाप पहरे के उन गोरे सिपाहियों की ओर इशारा कर दिया। बहुत से लोग तो रो पड़े।

ऐसा मालूम होने लगा कि सब किया किराया खत्म हो गया। वर्षों से जिन स्वप्नों की सँजोया था उनमें कुछ भी सार न निकला। महीनों का परिश्रम निष्फल गया। एक क्षण के लिए कर्त्तार जैसे आदमी की आँखों में भी जो हार और पस्त-हिम्मती का नाम भी नहीं जानता था आँसू भर आए।

क्रांतिकारियों की छानबीन शुरू हो गई थी। अगले दो सप्ताहों तक पंजाब में आतंक का राज रहा। 200 से ऊपर गिरफ़्तारियाँ हुई। कर्त्तारसिंह सराबा से विदेश चले जाने के लिए कहा गया, पर उन्होंने कहा जब मेरे और साथी जेल में हों, तो ऐसी बात की मैं कल्पना भी नहीं कर सकता। वजीराबाद के सिपाहियों के बीच से बाद में उन्हें गिरफ़्तार कर लिया गया।

पिंगले मेरठ में 12वीं घुड़सवार सेना की बस्तियों में गिरफ़्तार हो गए। ओ'डायर ने अपनी किताब में लिखा है, "उसके पास इतने बम निकले थे, कि वे एक पूरी रेजीमेंट का सफाया का देने के लिए काफी थे।"

जगतराम की गिरफ़्तारी पेशावर में हुई।

गवर्नमेंट ने समझा कि अब शांति स्थापित हो गई है। फिर भी निकल भागे हुए क्रांतिकारियों से 1915 तक उसकी मुठभेड़ें और संघर्ष होता रहा।

3. मुक़दमों का स्वाँग

गिरफ़्तार क्रांतिकारियों पर मुक़दमें शुरू किए गए। अपने पक्ष को मजबूत बनाने के लिए सरकार ने पूरी तैयारियाँ कर ली थी।

लेजिस्लेटिव असेम्बली में शीघ्रतापूर्वक भारत रक्षा के नाम से एक कानून पास करा लिया गया। उसमें सबसे महत्वपूर्ण बात यह थी कि क्रांतिकारियों के मुक़दमे के लिए विशेष न्यायालयों की स्थापना की गई। इन न्यायालयों के फैसले के ख़िलाफ़ अपील नहीं हो सकती थी। पंजाब में भी एक विशेष न्यायालय की स्थापना की गई। शिवनारायण शर्मा इसके एक मात्र भारतीय सदस्य थे।

27 मार्च 1915 को लाहौर में प्रथम लाहौर षडयंत्र का मुक़दमा शुरू हुआ।

लाहौर सेंट्रल जेल की बैरक नंबर 16 मुक़दमे की जगह निश्चित की गई। ऊँचे मंच पर, साम्राज्यवादी न्याय के प्रतीक

बनकर विशेष न्यायालय के सदस्य आसीन हुए। उनके दाईं तरफ, सरकारी वकील पिटमैन, अपने अन्य सहयोगियों और सी. आई.डी. अफसरों के साथ था। बाईं तरफ हथकड़ीबंद 65 क्रांतिकारी थे, जिन पर 'सम्राट के विरुद्ध युद्ध के षड्यंत्र का'' अभियोग लगाया गया था।

इन अभियुक्तों में ऐसे लोग भी थे जो भारतीय भूमि पर पैर रखने के पहले ही गिरफ्तार कर लिए गए थे। कलकत्ता में बाबा सोहनसिंह भखना आदि जिन लोगों को गिरफ्तार कर लिया गया था, उन्हें भय दिखाया गया, लालच दिया गया, पर उनमें अपने साथियों के साथ कौन विश्वासघात कर सकता था ! अभियुक्तों में से कुछ लड़ाई करते हुए पकड़े गए थे, कुछ ऐसे थे जो अमरीका से लौटने के बाद अपने घर के दर्शन तक नहीं कर सके थे। 60 वर्ष के बूढ़े बाबा मानसिंह, बाबा निधनसिंह, बाबा केसरसिंह; 20 वर्ष के नवयुवक सराबा, पृथ्वीसिंह, और गुरुमुखसिंह के साथ खड़े हुए थे। उनमें प्रांत के हर कोने के आदमी थे।

अभियुक्त पहले से ही जानते थे कि मुक़दमा तो केवल एक स्वाँग है। वे अपनी सफाई भी किसी से नहीं दिलाना चाहते थे। वे कहते थे कि ''उन लोगों से क्या न्याय की प्रार्थना करना, जिन्हें हम उखाड़ फेंकना चाहते हैं !''

फिर भी न्याय का ढकोसला दिखलाने के लिए सरकार ने अभियुक्तों के लिए नौ वकील कर दिए। अधिकांश अभियुक्त अंग्रेजी तक न जानते थे, इसलिए अदातल की कार्यवाही समझने में भी असमर्थ थे। जो लोग अंग्रेजी जानते भी थे, वे मुकदमे

की ओर से पूरी तौर से उदासीन थे।

इतने पर भी मुक़दमा चलता रहा; सरकारी वकील मनमानी करते रहे। अभियुक्तों को पहचानने के लिए वे उनकी ओर इशारा तक कर देते थे। और जब ज्वालासिंह ने इस पर आपत्ति की, तो उन्हें 30 कोड़े मारने का हुक्म दिया गया। भखना के नंबरदार आलासिंह ने कचहरी में पुलिस सब-इंस्पेक्टर की तरफ इशारा करके कहा था कि, "सरकार, आपके हुक्म के मुताबिक ही मैं कहूँगा।" इसी तरह कई और गवाहों ने भी कहा। साफ़ था कि गवाहों से जोर-जबरदस्ती से बातें कहलाई जा रही हैं; पर ध्यान देनेवाला कौन था।

अभियुक्तों के वकीलों की बात सुनिए। एक दिन बाबा केसरसिंह ने एक वकील से यों ही कहा कि उन्हें तो जहाज पर ही गिरफ्तार कर लिया गया था, अतएव उनके खिलाफ़ विद्रोह का जुर्म कैसे लगाया जा सकता है। यह सुनकर वकील रघुनाथ सहाय ने जो उन लोगों की पैरवी कर रहा था, आश्चर्य से आँखें फाड़कर कहा, "आप ख्वाब किस दुनियां का देख रहे हैं ? फाँसी के लिए तैयार हो जाइए।"

हर आदमी जानता था कि मुक़दमें में क्या होनेवाला है।

महीनों बीत गए। 400 गवाह सरकार की तरफ से और 229 गवाह सफाई की तरफ से पेश किए गए। लेकिन अभियुक्त बैठे-बैठे अपने पुराने संस्मरणों को याद करते, हँसते, और मुक़दमे का मजाक बनाते। न्यायालय का अध्यक्ष कभी-कभी घंटी बजाकर उन्हें रोकता पर जब वे न सुनते तो फिर काम चालू कर देता।

मुक़दमा समाप्त होनेवाला था। पैंसठों आदमियों की सभा हुई। तय किया गया कि कलकत्ता की घटना के बाद, जो संघर्ष जारी रहा, उसका पूर्ण उत्तरदायित्व सात व्यक्ति अपने ऊपर ले लें; इसी के अनुसार बयान दाखिल कर दें। हर आदमी इन सात आदमियों में अपना नाम रखना चाहता था। इसलिए काफी जद्दोजहद हुई। सब जानते थे कि इनमें से कोई भी न बचेगा, पर साम्राज्यवादियों को सीधा और कड़ा जवाब देना भी जरूरी था।

जजों ने अपने कान खोले। नवयुवक कर्त्तारसिंह सराबा कह रहा था : "हम पर ग़लत अभियोग लगाया गया है। हमने षड्यंत्र नहीं रचा। हमारी तो इस देश के शासकों को खुली चुनौती थी। हमें अपनी चुनौती पर गर्व है।" उसने बताया कि हमारी गुलामी का परिणाम है कि देश इतनी गरीबी और अधोगति की अवस्था में है, और विदेशों में हमें इतना घृणित और सम्मानहीन समझा जाता है। उसने ग़दर पार्टी के जन्म और विकास की कथा सुनाई, राष्ट्रीय क्रांति की भावना का उदय का इतिहास बताया, और कोमागाटा मारू की गाथा को फिर स्मरण कराया। निर्भीकतापूर्ण वह अपनी असफल क्रांति के विषय में बोलता ही गया। उसे कोई अफ़सोस नहीं था। उसने बताया था कि आज देश में ऐसी ज्योति जग गई है, जो कभी नहीं बुझ सकती। वह ब्रिटिश साम्राज्य को भस्म करके ही बुझेगी।

जज मंत्र-मुग्ध होकर उनकी वाणी सुन रहे थे। सराबा के गर्व से चमकते हुए सुंदर मुख की ओर देखते ही रह गए।

उसके बयान के खत्म होते ही एक जज ने कहा, "तुम जानते हो कि इसका क्या अर्थ है ?" फौरन जवाब मिला, "हाँ, सिर्फ़ मृत्यु !" उसने अपने बयान में रत्ती भर भी परिवर्तन करने से इनकार कर दिया। जजों ने उसको फिर एक बार सोचने का मौक़ा देने के लिए, उस दिन की अदालती कार्यवाही वहीं स्थगित कर दी।

दूसरे दिन फिर अदालत जुड़ी। सराबा ने पिछले दिन कहा था, वही फिर कहा। एक शब्द भी वापिस नहीं लिया। बहुत समझाया गया। उसने कहा, "मैंने कोई पाप नहीं किया। गुलाम का अधिकार है कि वह विद्रोह करे।"

कर्त्तार और उनके साथियों की आवाज़ सिर्फ जजों के लिए नहीं थी, बल्कि देश की संपूर्ण जनता के लिए थी। मुक़दमे की कार्यवाही गुप्त रूप से होती थी। न कोई दर्शक और न अभियुक्तों के रिश्तेदार ही वहाँ आ सकते थे। सेंसर द्वारा स्वीकृत रिपोर्टें ही अखबारों में छप सकती थीं। मगर वे जानते थे कि सत्य छिपाए नहीं छिपता। सब बातें एक दिन अवश्य प्रगट हो जाएँगी।

सराबा तथा उसके अन्य साथियों के बयान दर्ज कर लिए गए।

जज अपना फैसला तैयार करने के लिए पहाड़ चले गए। अभियुक्त भेज दिए गए जेल की कोठरियों में। हथकड़ियों और बेड़ियों से बँधे हुए, वे विराने कोठरियों में दिन गिनने लगे। कोठरियों में भी उन्हें तालों में बंद रखा जाता था।

13 सितंबर को उन्हें आखिरी बार फिर बैरक नं. 16 में

लाया गया। फ़ैसला सुनाया जानेवाला था।

24 व्यक्तियों को फाँसी की सजा दी गई; उनकी जायदादें भी जब्त कर ली गईं। इन्हीं में कर्त्तारसिंह सराबा (लुधियाना), जगतसिंह (लाहौर), हरनामसिंह (सियालकोट), पिंगले, बख्शीसिंह (अमृतसर), सूरायनसिंह (अमृतसर), सुरजनसिंह (अमृतसर) आदि थे, जिन्हें बाद में फाँसी पर लटका दिया गया। सोहनसिंह भखना (अमृतसर), निधानसिंह चुग्गा (फीरोजपुर), परमानंद (झाँसी), जगतराम (होशियारपुर), हरनामसिंह टुंडीलाट (होशियारपुर), पृथ्वीसिंह (अंबाला), नंदसिंह (लुधियाना) आदि को आजन्म कालेपानी की सजा मिली।

अन्य 26 व्यक्तियों को भी आजन्म कारावास और जायदाद की जब्ती की सजाएँ दी गईं। उनमे थे ज्वालासिंह (अमृतसर), वसाखासिंह (अमृतसर), रूरसिंह (फीरोजपुर), ऊधमसिंह कसेल (अमृतसर) जो बाद में काबुल में मारे गए, गुरुमुखसिंह (लुधियाना), शेरसिंह (अमृतसर), मदनसिंह गागा (लाहौर)। अन्य छह को भिन्न-भिन्न म्याद की लंबी सजाएँ दी गईं। बाक़ी लोगों को रिहा कर दिया गया। रिहा होते ही जेल के दरवाजे पर उन्हें फिर मुक़दमें के सिलसिले में गिरफ्तार कर लिया गया। इन्हीं में बाबा गुज्जरसिंह थे, जिन्हें आगे चलकर आजन्म कारावास का दंड मिला।

फाँसी का दंड जिन लोगों को मिला था, उनमें से 15 को जहाज से उतरने के पहले ही गिरफ्तार कर लिया गया था। बाकी लोगों से सिर्फ़ तीन सशस्त्र मुठभेड़ में एक पुलिसवाले की हत्या के दोषी थे।

फाँसी के दिन उन अभियुक्तों की कोठरियों के सामने पानी की बाल्टियाँ रख दी गईं। उनसे कहा गया कि वे नहा लें, और भगवान से प्रार्थना कर लें। उनमें से हर आदमी पहले फाँसी पर चढ़ना चाहता था। सहानुभूति दिखाने के लिए जो लोग आए, उनसे उन्होंने सिर्फ इतना ही कहा, "देश की स्वतंत्रता के लिए मर जाने से अच्छी और कौन सी मौत होगी।" वे मृत्यु की प्रतीक्षा करने लगे। पर वह न आई। दूसरे दिन सुपरिंटेंडेंट ने बताया कि उनकी फाँसी रोक दी गई है।

उन दिनों एक तरफ ओ'डायर का आतंक छाया हुआ था, दूसरी ओर टोड़ी प्रतिक्रियावादियों का बड़ा ज़ोर था। सर सुंदरसिंह मजीठिया और सरदार बहादुर गज्जामसिंह जैसे टोड़ी सिखों ने कहा कि ग़दर पार्टी के इन लोगों ने सिखों के उज्ज्वल इतिहास में कलंक का टीका लगा दिया है। सिख धर्म के अकाल तख्त से उन्होंने घोषित करवा दिया कि ये लोग सिख नहीं रह गए। लेकिन इतनी लंबी और सख्त सज़ाओं को देखकर आम जनता के दिल हिल गए थे। अनेकों प्रतिबंधों और सेंसरों के बावजूद चारों ओर से उनकी सज़ा को मंसूख करने की माँग उठने लगी। सत्रह आदमियों को फाँसी की सजा आजन्म कारावास में बदल दी गई।

किंतु लाहौर सेंट्रल जेल में तूफान उठता ही रहा। साधारण कैदियों तक की आँखें आँसुओं से भर आती थी। कर्त्तारसिंह सराबा को अभी भी फाँसी की सजा मिलनी थी।

19 नवंबर 1915 को प्रातःकाल कर्त्तारसिंह और उनके छह साथियों को बाहर लाया गया। हँसते, गाते हुए वे फाँसी पर

झूल गए, और साम्राज्यवादी हत्यारों को उन्होंने दिखा दिया कि भारतीय क्रांतिकारी अपने देश के लिए किस प्रकार मर मिटना जानते हैं।

फाँसी के पहले कर्त्तारसिंह से फिर कहा गया कि वह सम्राट से दया की अपील करे। कर्त्तारसिंह ने जवाब दिया, ''यदि मुझे और भी कई जीवन मिलें, तो मैं उन सबको भी अपने देश की स्वतंत्रता पर बलि चढ़ा दूँगा।''

भारत रक्षा विधान कानून के अंतर्गत जो विशेष न्यायालय बना था, उसके द्वारा कुल मिलाकर 9 मुक़दमों का फैसला किया गया। पंजाब, युक्तप्रांत, बंगाल और बर्मा के 28 क्रांतिकारियों को फाँसी पर लटका दिया गया, और बहुतों को आजन्म कारावास का दंड दिया गया। डा. हरनामसिंह और सोहनलाल पाठक तथा 4 अन्य साथियों को मांडले षड्यंत्र केस में फाँसी दे दी गई।

सोहनलाल जब फाँसी के तख्ते पर चढ़ रहे थे, तब उनसे कहा गया कि पश्चाताप करने और सम्राट से दया की प्रार्थना करने का अब भी अवसर है। उन्होंने मुस्कराकर और शांतिपूर्वक जवाब दिया, ''तुमने इतना अत्याचार और जुल्म किया है; क्षमा तुमको माँगनी चाहिए।''

इसी काल में लाहौर सेंट्रल जेल में 39 राजबंदियों को फाँसी पर लटका दिया गया। और उनके रिश्तेदारों को उनका शव तक देने से इनकार किया गया। इन्हीं में एक थे अमर शहीद काशीराम।

कनाडा की ग़दर पार्टी के नेता दलवंतसिंह को सिंगापुर

जेल में फाँसी पर चढ़ा दिया गया। डा. मथुरासिंह को मेशेद (ईरान) के राजदूतावास में फाँसी लगा दी गई।

सर माईकेल ओ'डायर ने लिखा है, "विभिन्न षड्यंत्रों से संबंधित 175 अभियुक्तों को विशेष न्यायालय के सामने लाया गया। उनमें से 38 को मृत्यु दंड दिया गया, (जिनमें से 18 के मृत्यु दंड की सजा को मंसूख करके आजन्म कारावास में बदल दिया गया) 58 को आजन्म कारावास और शेष 58 को कई-कई वर्षों की छोटी-बड़ी सजाएँ दी गईं।"

जनवरी के आखिरी दिनों में 130 बलूच रेजीमेंट ने रंगून में विद्रोह कर दिया था। वह सफल न हो सका। बाद में फरवरी 1915 में, 5वीं पैदल फौज ने पूरे एक सप्ताह तक सिंगापुर के किले पर अपना कब्जा रखा। जापानी और जार की रूसी फौजों की मदद से ही अंग्रेजी फौजें उसे दबा सकी थीं। उस विद्रोह को सैकड़ों आदमियों के खून में डुबोया गया था।

कुछ साधारण मुकदमें चले, और कुछ का कोर्ट-मार्शल हुआ। षड्यंत्र में जिन सिपाहियों ने भाग लिया था, उन्हें मेरठ में गोली मार दी गई। 7वीं राजपूत रेजीमेंट के कुछ लोगों को दिल्ली में फाँसी दे दी गई। रिसाला नं. 23 के 12 व्यक्तियों को जिनके नेता हवलदार लछमनसिंह थे, अंबाला जेल में मौत के घाट उतारा गया था। इन्हीं में एकमात्र मुसलमान अभियुक्त अब्दुल्ला थे। सी.आई.डी. ने हर युक्ति का प्रयोग किया और चाहा कि वह अपने 'काफ़िर' साथियों को धोखा दे दे। लेकिन उनके मुँह से एक ही जवाब मिला, "अपने इन साथियों के

साथ जाने से ही मेरे लिये स्वर्ग का दरवाज़ा खुलेगा।"*

विद्रोह असफल हुआ। पंजाब खून से नहा गया। हजारों व्यक्ति फाँसी और गोली का शिकार हुए। वे वीरों की भाँति मरे। न किसी ने आँसू बहाए, और न प्रशंसा में गीत गाए।

एक ऐसे युग में जब कि भारतीय नेता 'औपनिवेशिक स्वराज से' अधिक की बातचीत भी नहीं करते थे, ग़दर पार्टी के इन इनक़लाबियों ने पूर्ण स्वतंत्रता के लिए सशस्त्र क्रांति का झंडा उठाया था। यह बहुत बड़ी बात है।

विद्रोह को खून में डुबा दिया गया, किंतु जो आग उसने लगा दी थी, वह अब भी जल रही है।

1916 में बर्मा में निरंजनसिंह, नारायणसिंह, पहलियाराम, और पालसिंह को सूली पर चढ़ा दिया गया था।

अंबाला जेल में जिन 12 लोगों को फाँसी दी गई वे थे : इंदरसिह, इंद्रसिंह, बुधसिंह, मोतासिंह, भगतसिंह, गूजरसिंह, जेठासिंह, तारासिंह, वधावासिंह, अब्दुल्ला, लछमनसिंह और बूतासिंह।

लाहौर जेल में निम्न 28 व्यक्तियों को फाँसी दी गई थी : बलवंतसिंह, अर्जुनसिंह, उत्तमसिंह, ईशरसिंह, रंगासिंह, वीरसिंह, रूढ़सिंह, ध्यानसिंह, चंदासिंह, जीवनसिंह, ध्यानसिंह, जगतसिंह, जीवनसिहं, लालसिंह, रूरसिंह, आत्मासिंह, बटासिंह, हरनामसिंह, कालासिंह, चंदनसिंह, प्रेमासिंह, गंधासिंह, इंदरसिंह, बुतासिंह, जावंदसिंह, रामरख, मौलवी अब्दुल्ला अली।

पहले केस में निम्न व्यक्तियों को फाँसी की सजा दी गई थी : हिरदयराम मंदी, रामसरन, रूलियासिंह, खुशालसिंह, वसावासिंह, कालासिंह, सावनसिंह, बलवंतसिहं, भाई परमानंद (जिन्हें बाद में आजन्म कारावास मिला), इंदरसिंह, बिशनसिंह, इजारासिंह, मंगलसिंह, बिशनसिंह, चुहरसिंह, मानसिंह, रोडासिंह, इंदरसिंह, कालासिंह, गुरुदितसिंह, प्यारासिह, दीवानासिंह, किरपालसिंह, सरकसिंह, इंद्रसिंह, लालसिंह, केहरसिंह, जावंदसिंह।

4. अंडमान के नर्क में

10 दिसंबर को अंडमान के पोर्ट ब्लेयर बंदरगाह पर एक जहाज आया। उससे अट्ठारह राजबंदी उतरे। हाथों में हथकड़ियाँ थीं, पैरों में बेड़ियाँ; उनमें 90 साल के बुड्ढों से लेकर 22 साल तक के नौजवान थे। कानून के अनुसार चालीस साल से अधिक उम्रवाले लोगों को आजन्म कारावास की सजा नहीं दी जा सकती है। पर इस मामले में उस कानून पर भी अमल नहीं किया गया।

लाहौर षड्यंत्र के 'खतरनाक' बंदियों का यह पहला दल था।

जेल के द्वार पर जेलर मिला; उसने इन नए लोगों को ऊपर से नीचे तक देखा और ताना देता हुआ बोला, "राज लेनेवाला लोग। राज माँगता राज। राज नहीं कोल्हू मिलेगा।" थके-माँदे बंदियों ने गोल-मटोल मोटे जेलर की ओर देखा, और बड़े जोर से हँस पड़े। अरे; पहले ही दिन उस द्वीप के राजाधिराज का ऐसा अपमान। जेलर बारी का मुँह गुस्से से लाल हो गया। वह काँपने लगा। भारत सरकार ने उसे ठीक ही लिखा था—इनका ग़रूर

तोड़ना ही पड़ेगा। बंदियों को तिमंजले अंडमान जेल की भिन्न-भिन्न 740 कोठरियों में बंद कर दिया गया।

राजबंदी जानते थे कि अंडमान नर्क है। उससे जूझने का संकल्प भी वे कर चुके थे।

पहले ही दिन उन्होंने कोल्हू में जानवर की तरह जुतने से इनकार कर दिया। जेलर जान-बूझकर मुस्कराया, और बोला कि तुम्हें आसान काम दिया जाएगा। इसके बाद उन्हें रस्सी बनाने के लिए न छटांक नारियल के रेशे दिए गए। जेलर जानता था कि इतना काम यह लोग नहीं कर सकेंगे; और हुआ भी वैसा ही। झाँसी के परमानंद को सफाई देने के लिए बुलाया गया। पंडित परमानंद के चेहरे पर मुस्कराहट देखकर बारी जल गया, और गाली देकर उन्हें मार बैठा। आत्मरक्षा में परमानंद का भी हाथ उठ गया। उन पर बहुत से लोग एकदम टूट पड़े। वार्डरों ने मारते-मारते बेहोश कर दिया। उसके बाद उन्हें एक सेल में बंद कर दिया गया।

दूसरे दिन परमानंद को कोठरी से निकाला गया। बदन से खून निकल रहा था, कपड़े चिथड़े-चिथड़े हो गए थे। इस पर भी एक मेजर मुरे नामक सुपरिंटेंडेंट के हुक्म पर, उन्हें फिर कोड़ों की मार लगाई गई।

सभी साथियों ने हड़ताल कर दी। चीफ कमिश्नर देखने आया, और एक-एक को कोड़े मारने की धमकी दे गया। हर एक बंदी की तख्ती पर लिख दिया गया, "छह महीने की तन्हाई, डंडा-बेड़ी, सूखा खाना, और एक हफ्ते तक हथकड़ीबंद खड़े रहने की सजा।"

इस वक्त ग़दर पार्टी के राजबंदियों के और दल भी अंडमान आ गए। वे भी इस लड़ाई में शामिल हो गए पर बारी और मुरे कड़े से कड़े आदमी को सीधा करने का ऐलान कर चुके थे। लड़ाई जारी रही। कैदियों को जानबूझकर भूखा रखा जाने लगा। बीमारियों की फिक्र करना बंद कर दिया गया। प्यासों को पानी तक न दिया गया। हमेशा शांत रहने वाले साधु प्रकृति के बाबा केसरसिंह तक ने 'अंडमान के तीन अत्याचारियों' की कथा गाई। इस लड़ाई की खबर आखिरकार भारत सरकार को भी मिली।

दिल्ली के बड़े साहिबों ने मुरे और बारी की रिपोर्ट पढ़ी और इन क्रांतिकारियों को 'भेड़ियों का दल' कहकर अपने मन को दिलासा दी। उन्होंने तय किया कि इस मामले में हस्तक्षेप न किया जाए।

अंडमान में आतंक और बढ़ा। इतवार को काम न करना, हुक्म की तामील न करना समझा जाने लगा। अन्याय की शिकायत करने का अर्थ ''जेल के उत्तरदायित्वपूर्ण अधिकारियों पर बुरी नियत से बेबुनियाद इलजाम लगाना'' हो गया। साबुन के अभाव में, मिट्टी आदि से बाल धोना, जेल के अनुशासन को भंग करना माना गया। हर हालत में कड़ी सजा दी जाती थी। हथकड़ियाँ, बेड़ियाँ, तन्हाई, सूखी रोटी और पानी उनके लिए रोज की चीजें हो गईं। सबको मालूम था कि किस तरह आशुतोष लाहिड़ी जैसे हृष्ट-पुष्ट आदमी को पहले क्रमशः कमजोर बनाया गया, और फिर एक दिन पूरा काम न करने के दंड में कोड़ों से मारा गया। फिर भी किसी ने हिम्मत नहीं हारी। सभी और अधिक जोर से लड़ाई लड़ रहे थे।

60 वर्षीय बाबा मानसिंह की मृत्यु हो गई। उन्हें एक दिन

बहुत मारा गया था, जिसके दो दिन बाद वह मर गए। एक के बाद एक, बहुत से लोग शहीद हुए। बुधासिंह, रामरख, रुलियासिंह, नंदसिंह, केहरसिंह, संतसिंह, रोडासिंह सभी ने अपने प्राण दे दिए, पर अपनी लड़ाई जारी रखी !

इस प्रकार चार साल गुजर गए। बाबा सोहनसिंह भखना ने तीन बार भूख हड़ताल की, सरदार पृथ्वीसिंह ने 15 दिन भूख हड़ताल की और बीस महीने तन्हाई काटी। बाबा ज्वालासिंह वर्षों तक कठघरे में बंद रहे। बाबा रूरसिंह हफ्तों दीवाल से बँधे खड़े रहे। युवक गुरुमुखसिंह ने भी इन सब यातनाओं को सहा, पर सिर न झुकाया। सबको अलग-अलग बंद रखा गया। पर सबने लड़ाई जारी रखी और वीरतापूर्वक यातनाएँ सहीं। इन सूरमा क्रांतिकारियों की यह कथा, सहन शक्ति और वीरता की अलौकिक गाथा है।

जेल के हर आदमी ने देखा कि ये मुट्ठी भर लोग, अंडमान के अत्याचारी शासकों के जुल्मों के खिलाफ़ अपनी जान तक की बाजी लगा रहे हैं। उनके मुँह से यकायक निकल जाता "शाबास बमवालों।"

आखिर बमवालों की जीत हुई। कुछ पंजाबी सिपाहियों के जरिए उनकी खबर हिंदुस्तान में आई। विरोध का तूफान आ गया। अंडमान जेलों को बंद कर देना पड़ा।

जुलाई 1921 में उनको हिंदुस्तान के लिए रवाना किया गया। जहाज की खिड़की से वे बाहर उत्सुकतापूर्वक देखते, आँसू भरकर जननी जन्मभूमि का अभिनंदन करते। उनके आठ शहीद साथियों का शरीर अंडमान में ही रह गया था।

5. फिर भारतभूमि में

इन क्रांतिकारियों को हिंदुस्तान भेज दिया गया था। पर उन सबको एक स्थान पर रखना खतरनाक समझा गया। इसलिए उनको हजारीबाग, यरवदा, नागपुर, वेलोर, कोयम्बटूर आदि देश की विभिन्न जेलों में रखा गया।

इसी समय जब कि इनका तबादला इधर से उधर किया जा रहा था, सरदार पृथ्वीसिंह और बाबा गुरुमुखसिंह चलती ट्रेन से कूद कर निकल भागे। इसी बीच में उनके 15 साथी, जिनमें वसाखासिंह भी थे, युद्ध की समाप्ति पर रिहा कर दिए गए।

भारतीय जेलों में भी उन्हें अपनी लड़ाई जारी रखनी पड़ी। कोयम्बटूर में उन्होंने मोपला-विद्रोह के निर्दयतापूर्ण दमन के दृश्य देखे। रोज कुछ नौजवान फाँसी पर चढ़ा दिए जाते थे; जो छोटे-छोटे बच्चे गिरफ्तार करके लाए जाते थे, उन तक को जेल में भूखा रखा जाता था। सहानुभूति से ये पंजाबी वीर रो पड़ते थे। अपने राशन में से उन्होंने उनको खाना दिया। सिर्फ इसी

मनुष्यता के काम के कारण बाबा ज्वालासिंह को 30 कोड़ों की सजा दी गई। यरवदा जेल में, सिख राजबंदियों को नई पगड़ी दिलाने के लिए भी उन्हें भूख हड़ताल करनी पड़ी। लाहौर सेंट्रल जेल में भगतसिंह और उनके साथियों ने जो प्रसिद्ध भूख हड़ताल की थी, उसमें ऐसी कई और लड़ाइयों के विजेता वीर बाबा सोहनसिंह भखना भी शामिल हो गए थे। उनकी वृद्ध जर्जर अवस्था को देखकर भगतसिंह ने उनसे बहुत प्रार्थना की कि वह भूख हड़ताल न करें, पर वह न माने। उन्होंने उत्तर दिया, "क्या हुआ यदि शरीर बुड्ढा हो गया है। क्रांतिकारी कभी बुड्ढा नहीं होता।" और डेढ़ मास तक उन्होंने भूख हड़ताल की।

साल बीतने लगे। आजन्म कारावास के 14 साल भी कट गए। पर सरकार ने उन्हें रिहा करने से इनकार कर दिया। इन राजबंदियों की रीढ़ तोड़ने की सरकार की इच्छा 14 साल में भी पूर्ण न हो सकी थी। पर बाबा सोहनसिंह भखना ने हिम्मत न हारी। उन्होंने कहा, "ऐसे जीते रहने से क्या लाभ।" और एक महीने के बाद 1930 में सरकार उन्हें रिहा करने के लिए मजबूर हुई।

शीघ्र ही उन्हें कांग्रेस आंदोलन में गिरफ्तार कर लिया गया। जेल से छूटते ही, उन्होंने फिर राजनीतिक बंदियों की रिहाई, विशेष रूप से अपने पुराने साथियों की रिहाई के लिए आंदोलन करना शुरू किया। इसी बीच में नंदसिंह और चुहरसिंह ने आमरण अनशन प्रारंभ कर दिया। चुहरसिंह रिहा होने के कुछ दिनों बाद ही मर गए। सारे प्रांत में सनसनी फैल गई।

गए। मीलों पैदल चलकर उन्होंने किसान सभाओं का संगठन किया। इस वृद्धावस्था में भी अमृतसर (1938) में लाठी-चार्ज का मुक़ाबला किया। इसी प्रकार किसानों की सेवा के उपलक्ष्य में वह अखिल भारतीय किसान सभा के सभापति चुने गए।

बाबा ज्वाल़ासिंह ने प्रांत भर के किसानों को जाग्रत किया। जगह-जगह उन्होंने किसान संगठन बनाए, नीली बार जैसे पिछड़े हुए सामंतवादी हिस्से में भी लाल झंडा गाड़ दिया, और पंजाब के किसान आंदोलन की सेवा करते हुए भी वह शहीद हो गए।

बाबा रूरसिंह ने फ़ीरोजपुर के किसानों और कलिसा राज के काश्तकारों को जगाया, और एक के बाद एक उनकी लड़ाइयाँ लड़ीं और जीतीं। पिछले चुनाव में मोगा तहसील की जनता ने उनको निर्विरोध प्रांतीय असेम्बली में भेजा।

बाबा केसरसिंह ने बाबा शेरसिंह के साथ किसानों की लड़ाइयों और पार्टी के मुखपत्र 'कीर्ति' को चलाया और साम्राज्यवादी दमन के खिलाफ़ वीरतापूर्वक संघर्ष किया। 1939 के प्रसिद्ध लाहौर मोर्चे में सबसे पहले उन्हीं को पकड़ा गया था। उनके जीवन के 33 से अधिक वर्ष जेल में कटे हैं।

देशभक्त-परिवार-सहायक-समिति के संस्थापक बाबा वसाखासिंह सन् 1921 से ही राजबंदियों के अधिकारों की रक्षा के लिए लड़ते रहे हैं; और उनके परिवारों की सहायता करते रहे हैं। एक समय अकाल तख्त के वह जत्थेदार बनाए गए थे और आज पंजाब के किसान उन्हें सबसे अधिक प्यार करते हैं, और इज्जत देते हैं।

कोमागाटा मारू और अंडमान की लड़ाइयों के वीर बाबा

गुरुमुखसिंह ने अफ़गानिस्तान में कांग्रेस की नींव डाली थी। वह पृथ्वीसिंह के साथ काबुल जेल की अँधेरी कोठरी से भाग निकले थे और वैसी हालत में हिंदुस्तान लौट आए थे। आज उनका नाम सिखों के बच्चे-बच्चे की जबान पर है।

अंडमान की लड़ाइयों के वीर सरदार पृथ्वीसिंह को कौन नहीं जानता। उन्होंने कम से कम आधे दर्जन बनावटी नामों से विभिन्न प्रांतों में स्वतंत्रता की लौ जगाई है। बाबा शेरसिंह, बाबा हरनामसिंह टुंडीलाट, बाबा लालसिंह ने अपने प्रांत के राष्ट्रीय आंदोलन को जिस परिश्रम और निर्भीकता से खड़ा किया है, उसे देखकर बड़े से बड़े नौजवान भी शर्म खाते हैं।

बाबा हरनाम कोमागाटा मारू, इंदरसिंह वकी, और बाबा गुज्जरसिंह आज सबसे बड़े किसान योद्धा हैं। दिन और रात के अथक परिश्रम से अपने क्षेत्रों में उन्होंने जबरदस्त किसान-आंदोलन खड़ा किया है।

इन्हीं के उनके पुराने साथी, ग़दर पार्टी के संस्थापक इनक़लाबी, काम कर रहे हैं, जिन्होंने 1914 में अधिकांश साथियों के गिरफ़्तार हो जाने के बाद भी झंडा कायम रखा था। द्वितीय अकाली षड्यंत्र (1925) के बाबा करमसिंह चीना का नाम इनमें सर्वोपरि है। 'देशसेवक' नामक प्रथम सिख-क्रांतिकारी पत्र की उन्होंने स्थापना की और कीर्ति-किसान आंदोलन को आगे बढ़ाया। उन्हीं के एक साथी हैं, अकाली आंदोलन के नेता बाबा भागसिंह कनैडियन, जिन्होंने सन् 20 में सिख लीग बनाई थी, और सन् 30 में दोआबा के किसानों का संगठन किया था। बाबा भगवानसिंह भी उन्हीं में से हैं, जिन्होंने सन 1925

में 'शहीदी जत्था' बनाया था, और साम्प्रदायिक दंगों की आग को शांत करने के लिए सारे हिंदुस्तान का दौरा किया था। हिंदू-मुस्लिम एकता संबंधी उनके कार्य का तमाम देशभक्तों ने और पंडित नेहरू तक ने सराहना की थी। बाबा संतसिंह गांदीविंद भी उन्हीं में से हैं। जनता को समाजवाद का मंत्र सुनाने में वह सबसे पहले थे।

बाबा संतोखसिंह और बाबा ज्वालासिंह के अलावा ईशरसिंह मरदाना, बाबा निधनसिंह चुगा, करमसिंह धूत, मदनसिंह गग्गा और इंदरसिंह, सूरसिंह आदि अन्य साथी भी हैं जिन्होंने वृद्ध और अस्वस्थ अवस्था में भी अपनी लड़ाई जारी रखी और प्राणों की बाजी लगा दी, पर उस झंडे को नहीं झुकने दिया, जिसे उनके शहीद साथियों ने ऊँचा उठाया था।

आज भी ये साथी देशभक्ति और आत्म-त्याग की ऐसी परंपरा बना रहे हैं जो संसार के किसी भी देश के लिए गर्व की वस्तु हो सकती है।

6. कम्युनिज़्म की ओर

1939 में द्वितीय महायुद्ध शुरू हुआ। इन बाबाओं पर साम्राज्यवादी हमेशा ही नज़र रखते थे। पहली बार जब ये रिहा किए गए थे तब से उनके तीन या चार साल ही बाहर बीते होंगे। जून 1940 में दमन शुरू हुआ तो उन्हें फिर गिरफ़्तार कर लिया गया। इस बार उन्हें देवली नज़रबंद कैंप में भेज दिया गया। वहाँ उनकी भेंट हिंदुस्तानी कम्युनिस्ट पार्टी के कुछ नेताओं से हुई।

लाल झंडे और समाजवाद को ये इनक़लाबी बाबा पहले ही स्वीकार कर चुके थे। देवली में उन्होंने समाजवादी सिद्धांतों का गंभीर अध्ययन किया, और अपने पिछले कामों की आलोचना-प्रत्यालोचना की। अपना सारा जीवन उन्होंने मातृभूमि की आज़ादी के लिए लड़ते हुए बिता दिया था। पिछले अनुभव से उन्हें इस बात की आवश्यकता महसूस हुई कि सभी क्रांतिकारी एक साथ मिलकर काम करें, और एक अनुशासित क्रांतिकारी सेना बनाएँ। अपमानजनक गुलामी के कारण वे क्रांतिकारी लड़ाई में कूदे थे। उद्देश्य को पूर्ण करने के लिए वे दृढ़ प्रतिज्ञ थे। देश की जनता

के प्रति उनके हृदय में अगाध प्रेम था। सोवियत का उन पर गहरा प्रभाव था। पिछले वर्षों में पंजाब के किसानों के बड़े-बड़े आंदोलनों का उन्होंने नेतृत्व किया था। अतएव कम्युनिस्ट पार्टी की ओर झुकना और उसमें शामिल हो जाना ही उनके लिए स्वाभाविक था। बाबा सोहनसिंह भखना ने पार्टी में शामिल होते वक्त कहा, ''मेरी सारी जिंदगी का यही स्वाभाविक तर्क और परिणाम है।''

देवली की प्रसिद्ध भूख हड़ताल के वक्त साथियों ने उन्हें बहुत समझाया, पर वह उसमें शामिल हुए बिना न माने। कुछ बाबा लोग तो पानी भी छोड़ना चाहते थे। पार्टी की आज्ञा देकर ही उन्हें रोका गया। देवली नज़रबंद कैंप तोड़ दिया गया, पर नौकरशाही ने उन्हें रिहा करने से इनकार कर दिया। इनक़लाबी बाबाओं को सबसे बाद में छोड़ा गया। बाबा रूरसिंह तो अभी अक्टूबर 45 में छोड़े गए हैं।

सरदार पृथ्वीसिंह वर्षों तक गुप्त रूप से काम करते रहे थे। बाद में 1939 में गाँधीजी की सलाह से उन्होंने आत्मसमर्पण किया। रिहाई के कुछ दिनों तक वह गाँधीजी के आश्रम में रहे। 1942 में फिर गिरफ़्तार हुए, जिससे फिर 1943 में छूटे। अपने अन्य साथियों की तरह वह भी आज पार्टी में हैं।

पर महान क्रांतिकारी, बाबा गुरुमुखसिंह अभी भी जेल में बंद हैं। उन्हें सन् 1939 में गिरफ़्तार किया गया था। अमानुषिक यातनाओं के लिए प्रसिद्ध लाहौर किले की सबसे खराब कोठरी में उन्हें रखा गया, पर उन्होंने उसका भी बहादुरी से मुकाबला किया। सी.आई.डी. उन पर जेल से भागने का एक और 'षड्यंत्र' रचने का अभियोग लगाना चाहती थी। इसी से उन्हें लाहौर के

किले में रखा गया था। पर एक भी सी.आई.डी. ऑफिसर की हिम्मत न हुई कि उनसे सवाल-जवाब कर सके। अंत में नौकरशाही ने निश्चित किया कि आजन्म कारावास के शेष वर्षों को पूरा करने के लिए बाबा गुरुमुखसिंह को अंडमान भेज दिया जाए। मुक़दमा चलाने में उन्हें डर था कि गुरुमुखसिंह को ब्रिटिश शासन का पर्दाफाश करने का मौक़ा न मिल जाए।

बाबा गुरुमुखसिंह ने अंडमान में फिर एक महान ऐतिहासिक भूख हड़ताल का नेतृत्व किया। लंबी भूख-हड़ताल में उनकी विजय हुई तथा उनके साथियों को फिर हिंदुस्तान भेज दिया गया। तब से आज तक यह वीर पंजाब के जेलों में घुल रहा है। आज भी बाबा गुरुमुखसिंह जेल की यातनाओं से लड़ रहे हैं। जेल के अधिकारी अब भी उनसे डरते हैं।

17 साल बीत गए हैं, पर पंजाब सरकार उन्हें नहीं छोड़ती। यूनियनिस्ट जितना उनसे घबराते हैं, उतना अन्य किसी से भी नहीं।

उनके एक दूसरे साथी बाबा सच्चासिंह हजारीबाग जेल में तेरहवाँ वर्ष पूरा कर रहे हैं।

यह है ग़दर पार्टी और अमर शहीद सराबा के साथियों की कथा, जो पंजाब के सिख किसानों की मातृभूमि में एक वीरतापूर्ण और करुण गाथा बन गई है। बीस से लगाकर तैंतीस-तैंतीस साल इन इनक़लाबियों ने जेलों में बिताए हैं। अपने देश की आज़ादी के लिए उन्होंने सब कुछ बलिदान कर दिया है, हर प्रकार की यातनाएँ झेली हैं। वे हमारे देश की जनता की अदम्य भावना की साक्षात् मूर्ति हैं। उन जैसे वीरों पर दुनिया के किसी भी देश को अभिमान होगा।

●●●